DE

L'ALLEMAGNE.

TOME PREMIER.

IMPRIMERIE DE MAME.

DE
L'ALLEMAGNE,

PAR Mme LA BARONNE

DE STAËL HOLSTEIN.

SECONDE ÉDITION.

TOME PREMIER.

A PARIS,

CHEZ H. NICOLLE, A LA LIBRAIRIE STÉRÉOTYPE,
rue de Seine, n° 12.

CHEZ MAME FRÈRES, IMPRIMEURS-LIBRAIRES,
rue du Pot-de-Fer, n° 14,

M. DCCC. XIV.

PRÉFACE.

Londres, ce 1er octobre 1813.

En 1810 je donnai le manuscrit de cet ouvrage sur l'Allemagne au libraire qui avoit imprimé Corinne. Comme j'y manifestois les mêmes opinions et que j'y gardois le même silence sur le gouvernement actuel des Français que dans mes écrits précédents, je me flattai qu'il me seroit aussi permis de le publier : toutefois, peu de jours après l'envoi de mon manuscrit, il parut un décret sur la liberté de la presse d'une nature très-singulière ; il y étoit dit « Qu'aucun ouvrage « ne pourroit être imprimé sans avoir été « examiné par des censeurs. » — Soit. — On étoit accoutumé en France sous l'ancien régime à se soumettre à la censure ; l'esprit public marchoit alors dans le sens de la liberté, et rendoit une telle gêne peu redou-

table ; mais un petit article à la fin du nouveau règlement disoit que, « Lorsque les
« censeurs auroient examiné un ouvrage et
« permis sa publication, les libraires seroient
« en effet autorisés à l'imprimer, mais que
« le ministre de la police auroit alors le droit
« de le supprimer tout entier, s'il le jugeoit
« convenable, » ce qui veut dire que telles
ou telles formes seroient adoptées jusqu'à ce
qu'on jugeât à propos de ne plus les suivre :
une loi n'étoit pas nécessaire pour décréter
l'absence des lois, il valoit mieux s'en tenir
au simple fait du pouvoir absolu.

Mon libraire cependant prit sur lui la res-
ponsabilité de la publication de mon livre en
le soumettant à la censure, et notre accord
fut ainsi conclu. Je vins à quarante lieues
de Paris pour suivre l'impression de cet
ouvrage, et c'est là que pour la dernière fois
j'ai respiré l'air de France. Je m'étois cependant interdit dans ce livre, comme on le
verra, toute réflexion sur l'état politique de

l'Allemagne; je me supposois à cinquante années du temps présent; mais le temps présent ne permet pas qu'on l'oublie. Plusieurs censeurs examinèrent mon manuscrit, ils supprimèrent les diverses phrases que j'ai rétablies, en les désignant par des notes; enfin, à ces phrases près, ils permirent l'impression du livre tel que je le publie maintenant, car je n'ai pas cru devoir y rien changer. Il me semble curieux de montrer quel est un ouvrage qui peut attirer maintenant en France sur la tête de son auteur la persécution la plus cruelle.

Au moment où cet ouvrage alloit paroître, et lorsqu'on avoit déjà tiré les dix mille exemplaires de la première édition, le ministre de la police, connu sous le nom du général Savary, envoya ses gendarmes chez le libraire, avec ordre de mettre en pièces toute l'édition, et d'établir des sentinelles aux diverses issues du magasin, dans la crainte qu'un seul exemplaire de ce dangereux écrit ne pût s'échapper. Un commissaire de police fut chargé de surveiller cette expédition, dans laquelle le général Savary obtint aisément la victoire; et ce pauvre commissaire est, dit-on, mort des fatigues qu'il a éprouvées en s'assurant avec trop de détail de la destruction d'un si grand nombre de volumes, ou plutôt de leur transformation en un carton parfaitément blanc sur lequel aucune trace de la raison humaine n'est restée; la valeur intrinsèque de ce carton estimée à vingt louis est le seul dédommagement que le général ministre ait offert au libraire.

Au moment où l'on anéantissoit mon livre à Paris, je reçus à la campagne l'ordre de livrer la copie sur laquelle on l'avoit imprimé, et de quitter la France dans les vingt-quatre heures. Je ne connois guère que les conscrits à qui vingt-quatre heures suffisent pour se mettre en voyage; j'écrivis donc au ministre de la police qu'il me falloit huit jours pour faire venir de l'argent et ma voiture. Voici la lettre qu'il me répondit.

POLICE GÉNÉRALE.
Cabinet du Ministre.

Paris, 3 octobre 1810.

« J'ai reçu, madame, la lettre que vous
« m'avez fait l'honneur de m'écrire. M. votre
« fils a dû vous apprendre que je ne voyais
« pas d'inconvénient à ce que vous retardas-
« siez votre départ de sept à huit jours : je
« désire qu'ils suffisent aux arrangements
« qui vous restent à prendre, parce que je
« ne puis vous en accorder davantage.

« Il ne faut point rechercher la cause de l'or-
« dre que je vous ai signifié dans le silence que
« vous avez gardé à l'égard de l'Empereur
« dans votre dernier ouvrage, ce serait une
« erreur, il ne pouvait pas y trouver de place
« qui fût digne de lui ; mais votre exil est
« une conséquence naturelle de la marche
« que vous suivez constamment depuis plu-
« sieurs années. Il m'a paru que l'air de ce

« pays-ci ne vous convenait point, et nous
« n'en sommes pas encore réduits à chercher
« des modèles dans les peuples que vous
« admirez.

« Votre dernier ouvrage n'est point fran-
« çais; c'est moi qui en ai arrêté l'impression.
« Je regrette la perte qu'il va faire éprouver
« au libraire, mais il ne m'est pas possible
« de le laisser paraître.

« Vous savez, madame, qu'il ne vous
« avait été permis de sortir de Coppet que
« parce que vous aviez exprimé le désir de
« passer en Amérique. Si mon prédécesseur
« vous a laissé habiter le département de
« Loir-et-Cher, vous n'avez pas dû regarder
« cette tolérance comme une révocation des
« dispositions qui avaient été arrêtées à votre
« égard. Aujourd'hui vous m'obligez à les
« faire exécuter strictement, et il ne faut
« vous en prendre qu'à vous-même.

« Je mande à M. Corbigny (1) de tenir la

____

(1) Préfet de Loir-et-Cher.

« main à l'exécution de l'ordre que je lui ai
« donné, lorsque le délai que je vous accorde
« sera expiré.

« Je suis aux regrets, madame, que vous
« m'ayez contraint de commencer ma cor-
« respondance avec vous par une mesure de
« rigueur; il m'aurait été plus agréable de
« n'avoir qu'à vous offrir des témoignages
« de la haute considération avec laquelle j'ai
« l'honneur d'être,

  Madame,

     « Votre très-humble et très-
       « obéissant serviteur,

Madame de Staël. (Signé) « LE DUC DE ROVIGO. »

« *P. S.* J'ai des raisons, madame, pour
« vous indiquer les ports de Lorient, La Ro-
« chelle, Bordeaux et Rochefort, comme étant
« les seuls ports dans lesquels vous pouvez
« vous embarquer; je vous invite à me faire
« connaître celui que vous aurez choisi (1). »

----

(1) Le but de ce post-scriptum étoit de m'interdire les
ports de la Manche.

J'ajouterai quelques réflexions à cette lettre, déjà, ce me semble, assez curieuse par elle-même. — Il m'a paru, dit le général Savary, que *l'air de ce pays ne vous convenoit pas;* quelle gracieuse manière d'annoncer à une femme alors, hélas! mère de trois enfants, à la fille d'un homme qui a servi la France avec tant de foi, qu'on la bannit, à jamais, du lieu de sa naissance, sans qu'il lui soit permis de réclamer d'aucune manière contre une peine réputée la plus cruelle après la condamnation à mort! Il existe un vaude-ville français dans lequel un huissier, se vantant de sa politesse envers ceux qu'il conduit en prison, dit :

Aussi je suis aimé de tous ceux que j'arrête. —

Je ne sais si telle étoit l'intention du général Savary.

Il ajoute *Que les Français n'en sont pas réduits à prendre pour modèles les peuples que j'admire;* ces peuples ce sont les Anglais d'abord, et à plusieurs égards les Allemands. Toutefois je ne crois pas qu'on puisse m'accuser de ne pas aimer la France. Je n'ai que trop montré le regret d'un séjour où je conserve tant d'objets d'affection, où ceux qui me sont chers me plaisent tant! Mais de cet attachement peut-être trop vif pour une contrée si brillante et pour ses spirituels habitants, il ne s'ensuivoit point qu'il dût m'être interdit d'admirer l'Angleterre. On l'a vue, comme un chevalier armé pour la défense de l'ordre social, préserver l'Europe pendant dix années de l'anarchie et pendant dix autres du despotisme. Son heureuse constitution fut, au commencement de la révolution, le but des espérances et des efforts des Français, mon âme en est restée où la leur étoit alors.

A mon retour dans la terre de mon père, le préfet de Genève me défendit de m'en éloigner à plus de quatre lieues. Je me permis un jour d'aller jusqu'à dix, dans le simple

but d'une promenade ; aussitôt les gendarmes coururent après moi, l'on défendit
aux maîtres de poste de me donner des
chevaux, et l'on eût dit que le salut de l'É-
tat dépendoit d'une aussi foible existence
que la mienne. Je me résignai cependant
encore à cet emprisonnement dans toute sa
rigueur, quand un dernier coup me le ren-
dit tout-à-fait insupportable. Quelques-uns
de mes amis furent exilés parce qu'ils avoient
eu la générosité de venir me voir; — c'en
étoit trop : — porter avec soi la contagion du
malheur, ne pas oser se rapprocher de ceux
qu'on aime, craindre de leur écrire, de prononcer leur nom, être l'objet tour à tour,
ou des preuves d'affection qui font trembler
pour ceux qui vous les donnent, ou des bas-
sesses raffinées que la terreur inspire, c'étoit
une situation à laquelle il falloit se sous-
traire si l'on vouloit encore vivre !

On me disoit pour adoucir mon chagrin
que ces persécutions continuelles étoient

une preuve de l'importance qu'on attachoit
à moi ; j'aurois pu répondre que je n'avois
mérité

  Ni cet excès d'honneur, ni cette indignité,

mais je ne me laissai point aller aux consolations données à mon amour-propre, car
je savois qu'il n'est personne maintenant en
France, depuis les plus grands jusqu'aux
plus petits, qui ne puisse être trouvé digne
d'être rendu malheureux. On me tourmenta
dans tous les intérêts de ma vie, dans tous
les points sensibles de mon caractère, et
l'autorité condescendit à se donner la peine
de me bien connoître pour mieux me faire
souffrir. Ne pouvant donc désarmer cette
autorité par le simple sacrifice de mon talent, et résolue à ne lui en pas offrir le ser-
vage, je crus sentir au fond de mon cœur
ce que m'auroit conseillé mon père, et je
partis.

Il m'importe, je le crois, de faire connoître

au public ce livre calomnié, ce livre source de tant de peines : et quoique le général Savary m'ait déclaré dans sa lettre que mon ouvrage *n'étoit pas français,* comme je me garde bien de voir en lui le représentant de la France, c'est aux Français tels que je les ai connus que j'adresserois avec confiance un écrit où j'ai tâché, selon mes forces, de relever la gloire des travaux de l'esprit humain.

L'Allemagne, par sa situation géographique, peut être considérée comme le cœur de l'Europe, et la grande association continentale ne sauroit retrouver son indépendance que par celle de ce pays. La différence des langues, les limites naturelles, les souvenirs d'une même histoire, tout contribue à créer parmi les hommes ces grands individus qu'on appelle des nations; de certaines proportions leur sont nécessaires pour exister, de certaines qualités les distinguent; et si l'Allemagne étoit réunie à la France, il s'ensuivroit aussi que la France seroit réunie à l'Allemagne, et que les Français de Hambourg, comme les Français de Rome, altéreroient par degrés le caractère des compatriotes de Henri IV : les vaincus à la longue modifieroient les vainqueurs, et tous finiroient par y perdre.

J'ai dit dans mon ouvrage que les Allemands *n'étoient pas une nation*; et certes ils donnent au monde maintenant d'héroïques démentis à cette crainte. Mais ne voit-on pas cependant quelques pays germaniques s'exposer, en combattant contre leurs compatriotes, au mépris de leurs alliés mêmes les Français ? Ces auxiliaires, dont on hésite à prononcer le nom, comme s'il étoit temps encore de le cacher à la postérité, ces auxiliaires, dis-je, ne sont conduits ni par l'opinion, ni même par l'intérêt, encore moins par l'honneur ; mais une peur imprévoyante a précipité leurs gouvernements vers le plus fort, sans réfléchir qu'ils étoient eux-mêmes la cause de cette force devant laquelle ils se prosternoient.

Les Espagnols, à qui l'on peut appliquer ce beau vers anglais de Southey,

And those who suffer bravely save mankind,

et ceux qui souffrent bravement sauvent l'espèce humaine, — les Espagnols se sont vus réduits à ne posséder que Cadix, et ils n'auroient pas consenti davantage alors au joug des étrangers, que depuis qu'ils ont atteint la barrière des Pyrénées, et qu'ils sont défendus par le caractère antique et le génie moderne de lord Wellington. Mais pour accomplir ces grandes choses il falloit une persévérance que l'événement ne sauroit décourager. Les Allemands ont eu souvent le tort de se laisser convaincre par les revers. Les individus doivent se résigner à la destinée, mais jamais les nations, car ce sont elles qui seules peuvent commander à cette destinée : une volonté de plus, et le malheur seroit dompté.

La soumission d'un peuple à un autre est contre nature. Qui croiroit maintenant à la possibilité d'entamer l'Espagne, la Russie, l'Angleterre, la France? — Pourquoi n'en seroit-il pas de même de l'Allemagne? — Si les Allemands pouvoient encore être asservis, leur infortune déchireroit le cœur; mais on seroit toujours tenté de leur dire, comme mademoiselle de Mancini à Louis XIV, *Vous êtes roi, Sire, et vous pleurez,* vous êtes une nation, et vous pleurez!

Le tableau de la littérature et de la philosophie semble bien étranger au moment actuel; cependant il sera peut-être doux à cette pauvre et noble Allemagne de se rappeler ses richesses intellectuelles au milieu des ravages de la guerre. Il y a trois ans que je désignois la Prusse et les pays du nord qui l'environnent comme *la patrie de la pensée;* en combien d'actions généreuses cette pensée ne s'est-elle pas transformée! ce que les philosophes mettoient en système s'accomplit, et l'indépendance de l'âme fondera celle des États.

DE L'ALLEMAGNE.

OBSERVATIONS GÉNÉRALES.

On peut rapporter l'origine des principales nations de l'Europe à trois grandes races différentes :
la race latine, la race germanique, et la race es-
clavonne. Les Italiens, les Français, les Espagnols
ont reçu des Romains leur civilisation et leur
langage ; les Allemands, les Suisses, les Anglais,
les Suédois, les Danois et les Hollandais sont des
peuples teutoniques ; enfin, parmi les Esclavons,
les Polonais et les Russes occupent le premier
rang. Les nations dont la culture intellectuelle
est d'origine latine sont plus anciennement civilisées que les autres ; elles ont pour la plupart
hérité de l'habile sagacité des Romains dans le

maniement des affaires de ce monde. Des institutions sociales, fondées sur la religion païenne, ont précédé chez elles l'établissement du christianisme ; et quand les peuples du nord sont venus les conquérir, ces peuples ont adopté, à beaucoup d'égards, les mœurs du pays dont ils étoient les vainqueurs.

Ces observations doivent sans doute être modifiées d'après les climats, les gouvernements, et les faits de chaque histoire. La puissance ecclésiastique a laissé des traces ineffaçables en Italie. Les longues guerres avec les Arabes ont fortifié les habitudes militaires et l'esprit entreprenant des Espagnols ; mais en général cette partie de l'Europe, dont les langues dérivent du latin, et qui a été initiée de bonne heure dans la politique de Rome, porte le caractère d'une vieille civilisation qui dans l'origine étoit païenne. On y trouve moins de penchant pour les idées abstraites que dans les nations germaniques ; on s'y entend mieux aux plaisirs et aux intérêts terrestres ; et ces peuples, comme leurs instituteurs, les Romains, savent seuls pratiquer l'art de la domination.

Les nations germaniques ont presque toujours résisté au joug des Romains ; elles ont été civi-

lisées plus tard, et seulement par le christianisme;
elles ont passé immédiatement d'une sorte de barbarie à la société chrétienne : les temps de la chevalerie, l'esprit du moyen âge sont leurs souvenirs les plus vifs; et quoique les savants de ces
pays aient étudié les auteurs grecs et latins plus
même que ne l'ont fait les nations latines, le génie
naturel aux écrivains allemands est d'une couleur ancienne plutôt qu'antique. Leur imagination
se plaît dans les vieilles tours, dans les créneaux,
au milieu des guerriers, des sorcières et des revenants; et les mystères d'une nature rêveuse et
solitaire forment le principal charme de leurs
poésies.

L'analogie qui existe entre les nations teutoniques ne sauroit être méconnue. La dignité sociale que les Anglais   à leur constitution
leur assure, il est vrai, parmi ces nations, une
supériorité décidée; néanmoins les mêmes traits
de caractère se retrouvent constamment parmi les
divers peuples d'origine germanique. L'indépendance et la loyauté signalèrent de tout temps ces
peuples; ils ont été toujours bons et fidèles, et
c'est à cause de cela même peut-être que leurs
écrits portent une empreinte de mélancolie; car

il arrive souvent aux nations, comme aux individus, de souffrir pour leurs vertus.

La civilisation des Esclavons ayant été plus
moderne et plus précipitée que celle des autres
peuples, on voit plutôt en eux jusqu'à présent
l'imitation que l'originalité : ce qu'ils ont d'européen est français; ce qu'ils ont d'asiatique est trop
peu développé pour que leurs écrivains puissent
encore manifester le véritable caractère qui leur
seroit naturel. Il n'y a donc dans l'Europe littéraire que deux grandes divisions très-marquées :
la littérature imitée des anciens et celle qui doit
sa naissance à l'esprit du moyen âge; la littérature
qui, dans son origine, a reçu du paganisme sa
couleur et son charme, et la littérature dont l'impulsion et le développement appartiennent à une
religion essentiellement spiritualiste.

On pourroit dire avec raison que les Français
et les Allemands sont aux deux extrémités de la
chaîne morale, puisque les uns considèrent les
objets extérieurs comme le mobile de toutes les
idées, et les autres, les idées comme le mobile
de toutes les impressions. Ces deux nations cependant s'accordent assez bien sous les rapports
sociaux ; mais il n'en est point de plus opposées

dans leur système littéraire et philosophique.
L'Allemagne intellectuelle n'est presque pas connue de la France; bien peu d'hommes de lettres
parmi nous s'en sont occupés. Il est vrai qu'un
beaucoup plus grand nombre la juge. Cette agréable légèreté, qui fait prononcer sur ce qu'on
ignore, peut avoir de l'élégance quand on parle,
mais non quand on écrit. Les Allemands ont le
tort de mettre souvent dans la conversation ce
qui ne convient qu'aux livres; les Français ont
quelquefois aussi celui de mettre dans les livres
ce qui ne convient qu'à la conversation; et nous
avons tellement épuisé tout ce qui est superficiel,
que, même pour la grâce, et surtout pour la variété, il faudroit, ce me semble, essayer d'un peu
plus de profondeur.

J'ai donc cru qu'il pouvoit y avoir quelques
avantages à faire connoître le pays de l'Europe où
l'étude et la méditation ont été portées si loin,
qu'on peut le considérer comme la patrie de la
pensée. Les réflexions que le pays et les livres
m'ont suggérées seront partagées en quatre sec-
tions. La première traitera de l'Allemagne et des
mœurs des Allemands; la seconde, de la littérature
et des arts; la troisième, de la philosophie et de
la morale; la quatrième, de la religion et de

l'enthousiasme. Ces divers sujets se mêlent nécessairement les uns avec les autres. Le caractère national influe sur la littérature; la littérature et la philosopie sur la religion; et l'ensemble peut seul faire connoître en entière chaque partie; mais il falloit cependant se soumettre à une division apparente pour rassembler à la fin tous les rayons dans le même foyer.

Je ne me dissimule point que je vais exposer, en littérature comme en philosophie, des opinions étrangères à celles qui règnent en France; mais soit qu'elles paroissent justes ou non, soit qu'on les adopte ou qu'on les combatte, elles donnent toujours à penser. « Car nous n'en sommes pas, « j'imagine, à vouloir élever autour de la France « littéraire la grande muraille de la Chine, « pour empêcher les idées du dehors d'y péné- « trer » (1).

____

(1) Ces guillemets indiquent les phrases dont les censeurs de Paris avoient exigé la suppression. Dans le second volume ils ne trouvèrent rien de répréhensible; mais les chapitres du troisième sur l'Enthousiasme et surtout la dernière phrase de l'ouvrage n'obtinrent pas leur approbation. J'étois prête à me soumettre à leurs critiques d'une façon négative, c'est-à-dire en retranchant sans jamais rien

Il est impossible que les écrivains allemands, ces hommes les plus instruits et les plus méditatifs de l'Europe, ne méritent pas qu'on accorde un moment d'attention à leur littérature et à leur philosophie. On oppose à l'une qu'elle n'est pas de bon goût, et à l'autre qu'elle est pleine de folies. Il se pourroit qu'une littérature ne fût pas conforme à notre législation du bon goût, et qu'elle contînt des idées nouvelles dont nous pussions nous enrichir en les modifiant à notre manière. C'est ainsi que les Grecs nous ont valu Racine, et Shakespear plusieurs des tragédies de Voltaire. La stérilité dont notre littérature est ménacée feroit croire que l'esprit français lui-même a besoin maintenant d'être renouvelé par une sève plus vigoureuse; et comme l'élégance de la société nous préservera toujours de certaines fautes, il nous importe surtout de retrouver la source des grandes beautés.

Après avoir repoussé la littérature des Allemands au nom du bon goût, on croit pouvoir aussi se débarrasser de leur philosophie au nom

---

ajouter; mais les gendarmes envoyés par le ministre de la police firent l'office de censeurs d'une façon plus brutale, en mettant le livre entier en pièces.

de la raison. Le bon goût et la raison sont des paroles qu'il est toujours agréable de prononcer, même au hasard ; mais peut-on de bonne foi se persuader que des écrivains d'une érudition immense , et qui connoissent tous les livres français aussi bien que nous-mêmes , s'occupent depuis vingt années de pures absurdités?

Les siècles superstitieux accusent facilement les opinions nouvelles d'impiété, et les siècles incrédules les accusent non moins facilement de folie. Dans le seizième siècle, Galilée a été livré à l'inquisition pour avoir dit que la terre tournoit; et dans le dix-huitième, quelques-uns ont voulu faire passer J. J. Rousseau pour un dévot fanatique. Les opinions qui diffèrent de l'esprit dominant, quel qu'il soit, scandalisent toujours le vulgaire : l'étude et l'examen peuvent seuls donner cette libéralité de jugement, sans laquelle il est impossible d'acquérir des lumières nouvelles ou de conserver même celles qu'on a. Car on se soumet à de certaines idées reçues, non comme à des vérités, mais comme au pouvoir; et c'est ainsi que la raison humaine s'habitue à la servitude dans le champ même de la littérature et de la philosophie.

PREMIÈRE PARTIE.

DE L'ALLEMAGNE,

ET DES MŒURS

DES ALLEMANDS.

CHAPITRE PREMIER.

De l'aspect de l'Allemagne.

LA multitude et l'étendue des forêts indiquent
une civilisation encore nouvelle : le vieux sol du
midi ne conserve presque plus d'arbres, et le
soleil tombe à plomb sur la terre dépouillée par

les hommes. L'Allemagne offre encore quelques traces d'une nature non habitée. Depuis les Alpes jusqu'à la mer, entre le Rhin et le Danube, vous voyez un pays couvert de chênes et de sapins, traversé par des fleuves d'une imposante beauté, et coupé par des montagnes dont l'aspect est très-pittoresque; mais de vastes bruyères, des sables, des routes souvent négligées, un climat sévère, remplissent d'abord l'âme de tristesse; et ce n'est qu'à la longue qu'on découvre ce qui peut attacher à ce séjour.

Le midi de l'Allemagne est très-bien cultivé; cependant il y a toujours dans les plus belles contrées de ce pays quelque chose de sérieux qui fait plutôt penser au travail qu'aux plaisirs, aux vertus des habitants qu'aux charmes de la nature.

Les débris des châteaux forts qu'on aperçoit sur le haut des montagnes, les maisons bâties de terre, les fenêtres étroites, les neiges qui, pendant l'hiver, couvrent des plaines à perte de vue, causent une impression pénible. Je ne sais quoi de silencieux dans la nature et dans les hommes resserre d'abord le cœur. Il semble que le temps marche là plus lentement qu'ailleurs, que la végétation ne se presse pas plus dans le sol que les idées dans la tête des hommes, et que les sillons réguliers du laboureur y sont tracés sur une terre pesante.

Néanmoins, quand on a surmonté ces sensations irréfléchies, le pays et les habitants offrent à l'observation quelque chose d'intéressant et de poétique. Vous sentez que des âmes et des imaginations douces ont embelli ces campagnes. Les grands chemins sont plantés d'arbres fruitiers, placés là pour rafraîchir le voyageur. Les paysages dont le Rhin est entouré sont superbes presque partout; on diroit que ce fleuve est le génie tutélaire de l'Allemagne; ses flots sont purs, rapides et majestueux comme la vie d'un ancien héros. Le Danube se divise en plusieurs branches. Les ondes de l'Elbe et de la Sprée se troublent facilement par l'orage. Le Rhin seul est presque inaltérable. Les contrées qu'il traverse paroistent tout à la fois si sérieuses et si variées, si fertiles et si solitaires, qu'on seroit tenté de croire que c'est lui-même qui les a cultivées, et que les hommes d'à présent n'y sont pour rien. Ce fleuve raconte, en passant, les hauts faits des temps jadis, et l'ombre d'Arminius semble errer encore sur ces rivages escarpés.

Les monuments gothiques sont les seuls remarquables en Allemagne ; ces monuments rappellent les siècles de la chevalerie. Dans presque toutes les villes les musées publics conservent des restes de ces temps-là. On diroit que les habitants du nord, vainqueurs du monde, en partant de la Germanie, y ont laissé leurs souvenirs sous diverses formes, et que le pays tout entier ressemble au séjour d'un grand peuple qui depuis long-temps l'a quitté. Il y a dans la plupart des arsenaux des villes allemandes des figures de chevaliers en bois peint, revêtus de leur armure ; le casque, le bouclier, les cuissards, les éperons, tout est selon l'ancien usage, et l'on se promène au milieu de ces morts debout, dont les bras levés semblent prêts à frapper leurs adversaires, qui tiennent aussi de même leurs lances en arrêt. Cette image immobile d'actions, jadis si vives, cause une impression pénible. C'est ainsi qu'après les tremblements de terre on a trouvé des hommes engloutis qui avoient gardé pendant long-temps encore le dernier geste de leur dernière pensée.

L'architecture moderne, en Allemagne, n'offre rien qui mérite d'être cité ; mais les villes sont en général bien bâties, et les propriétaires les embellissent avec une sorte de soin plein de bonhomie. Les maisons dans plusieurs villes sont peintes en dehors de diverses couleurs. On y voit des figures de saints, des ornements de tout'genre, dont le goût n'est assurément pas parfait, mais qui varient l'aspect des habitations et semblent indiquer un désir bienveillant de plaire à ses concitoyens et aux étrangers. L'éclat et la splendeur d'un palais servent à l'amour-propre de celui qui le possède; mais la décoration soignée, la parure et la bonne intention des petites demeures ont quelque chose d'hospitalier.

Les jardins sont presque aussi beaux dans quelques parties de l'Allemagne qu'en Angleterre: le luxe des jardins suppose toujours qu'on aime la nature. En Angleterre, des maisons très-simples sont bâties au milieu des parcs les plus magnifiques; le propriétaire néglige sa demeure et pare avec soin la campagne. Cette magnificence et cette simplicité réunies n'existent sûrement pas au même degré en Allemagne; cependant, à travers le manque de fortune et l'orgueil féodal, on aperçoit en tout un certain amour du beau qui, tôt ou tard, doit donner du goût et de la grâce, puisqu'il en est la véritable source. Souvent au milieu des superbes jardins des princes allemands l'on place des harpes éoliennes près des grottes entourées de fleurs, afin que le vent transporte dans les airs des sons et des parfums tout ensemble. L'imagination des habitants du nord tâche ainsi de se composer une nature d'Italie; et pendant les jours brillants d'un été rapide l'on parvient quelquefois à s'y tromper.

CHAPITRE II.

Des mœurs et du caractère des Allemands.

Quelques traits principaux peuvent seuls convenir également à toute la nation allemande, car les diversités de ce pays sont telles qu'on ne sait comment réunir sous un même point de vue des religions, des gouvernements, des climats, des peuples même si différents. L'Allemagne du midi est, à beaucoup d'égards, toute autre que celle du nord; les villes de commerce ne ressemblent point aux villes célèbres par leurs universités; les petits États diffèrent sensiblement des deux grandes monarchies, la Prusse et l'Autriche. L'Allemagne étoit une fédération aristocratique : cet empire n'avoit point un centre commun de lumières et d'esprit public; il ne formoit pas une nation compacte, et le lien manquoit au faisceau. Cette division de l'Allemagne, funeste à sa force politique, étoit cependant très-favorable aux essais de tout genre que pouvoient tenter le génie et l'imagination. Il y avoit une sorte d'anarchie douce et paisible, en fait d'opinions littéraires et métaphysiques, qui permettoit à chaque homme le développement entier de sa manière de voir individuelle.

Comme il n'existe point de capitale où se rassemble la bonne compagnie de toute l'Allemagne, l'esprit de société y exerce peu de pouvoir; l'empire du goût et l'arme du ridicule y sont sans influence. La plupart des écrivains et des penseurs travaillent dans la solitude, ou seulement entourés d'un petit cercle qu'ils dominent. Ils se laissent aller, chacun séparément, à tout ce que leur inspire une imagination sans contrainte; et si l'on peut apercevoir quelques traces de l'ascendant de la mode en Allemagne, c'est par le désir que chacun éprouve de se montrer tout-à-fait différent des autres. En France, au contraire, chacun aspire à mériter ce que Montesquieu disoit de Voltaire : *Il a plus que personne l'esprit que tout le monde a.* Les écrivains allemands imiteroient plus volontiers encore les étrangers que leurs compatriotes.

En littérature, comme en politique, les Allemands ont trop de considération pour les étrangers et pas assez de préjugés nationaux. C'est une qualité dans les individus que l'abnégation de soi-même et l'estime des autres ; mais le patriotisme des nations doit être égoïste. La fierté des Anglais sert puissamment à leur existence politique ; la bonne opinion que les Français ont d'eux-mêmes a toujours beaucoup contribué à leur ascendant sur l'Europe ; le noble orgueil des Espagnols les a rendus jadis souverains d'une portion du monde. Les Allemands sont Saxons, Prussiens, Bavarois, Autrichiens ; mais le caractère germanique, sur lequel devroit se fonder la force de tous, est morcelé comme la terre même qui a tant de différents maîtres.

J'examinerai séparément l'Allemagne du midi et celle du nord : mais je me bornerai maintenant aux réflexions qui conviennent à la nation entière. Les Allemands ont en général de la sincérité et de la fidélité ; ils ne manquent presque jamais à leur parole, et la tromperie leur est étrangère. Si ce défaut s'introduisoit jamais en Allemagne, ce ne pourroit être que par l'envie d'imiter les étrangers, de se montrer aussi habiles qu'eux, et surtout de n'être pas leur dupe ; mais le bon sens et le bon cœur rameneroient bientôt les

Allemands à sentir qu'on n'est fort que par sa propre nature, et que l'habitude de l'honnêteté rend tout-à-fait incapable, même quand on le veut, de se servir de la ruse. Il faut, pour tirer parti de l'immoralité, être armé tout-à-fait à la légère, et ne pas porter en soi-même une conscience et des scrupules qui vous arrêtent à moitié chemin, et vous font éprouver d'autant plus vivement le regret d'avoir quitté l'ancienne route, qu'il vous est impossible d'avancer hardiment dans la nouvelle.

Il est aisé, je le crois, de démontrer que, sans la morale, tout est hasard et ténèbres. Néanmoins on a vu souvent chez les nations latines une politique singulièrement adroite dans l'art de s'affranchir de tous les devoirs; mais on peut le dire à la gloire de la nation allemande, elle à presque l'incapacité de cette souplesse hardie qui fait plier toutes les vérités pour tous les intérêts, et sacrifie tous les engagements à tous les calculs. Ses défauts, comme ses qualités, la soumettent à l'honorable nécessité de la justice.

La puissance du travail et de la réflexion est aussi l'un des traits distinctifs de la nation allemande. Elle est naturellement littéraire et philosophique; toutefois la séparation des classes, qui est plus prononcée en Allemagne que partout ailleurs, parce que la société n'en adoucit pas les nuances, nuit à quelques égards à l'esprit proprement dit. Les nobles y ont trop peu d'idées, et les gens de lettres trop peu d'habitude des affaires. L'esprit est un mélange de la connoissance des choses et des hommes ; et la société où l'on agit sans but, et pourtant avec intérêt, est précisément ce qui développe le mieux les facultés les plus opposées. C'est l'imagination, plus que l'esprit, qui caractérise les Allemands. J. P. Richter, l'un de leurs écrivains les plus distingués, a dit que *l'empire de la mer étoit aux Anglais, celui de la terre aux Français, et celui de l'air aux Allemands :* en effet, on auroit besoin, en Allemagne, de donner un centre et des bornes à cette éminente faculté de penser qui s'élève et se perd dans le vague, pénètre et disparoît dans la profondeur, s'anéantit à force d'impartialité, se confond à force d'analyse, enfin manque de certains défauts qui puissent servir de circonscription à ses qualités.

On a beaucoup de peine à s'accoutumer, en sortant de France, à la lenteur et à l'inertie du peuple allemand ; il ne se presse jamais, il trouve des obstacles à tout ; vous entendez dire, en Allemagne, *c'est impossible*, cent fois contre une en France. Quand il est question d'agir, les Allemands ne savent pas lutter avec les difficultés; et leur respect pour la puissance vient plus encore de ce qu'elle ressemble à la destinée, que d'aucun motif intéressé. Les gens du peuple ont des formes assez grossières, surtout quand on veut heurter leur manière d'être habituelle; ils auroient naturellement, plus que les nobles, cette sainte antipathie pour les mœurs, les coutumes et les langues étrangères, qui fortifie dans tous les pays le lien national. L'argent qu'on leur offre ne dérange pas leur façon d'agir, la peur ne les en détourne pas; ils sont très - capables enfin de cette fixité en toute chose, qui est une excellente donnée pour la morale; car l'homme que la crainte, et plus encore l'espérance, mettent sans cesse en mouvement, passe aisément d'une opinion à l'autre, quand son intérêt l'exige.

Dès que l'on s'élève un peu au-dessus de la dernière classe du peuple en Allemagne, on s'aperçoit aisément de cette vie intime, de cette poésie de l'âme qui caractérise les Allemands. Les habitants des villes et des campagnes, les soldats et les laboureurs, savent presque tous la musique; il m'est arrivé d'entrer dans de pauvres maisons

noircies par la fumée de tabac, et d'entendre tout
à coup non-seulement la maîtresse, mais le maître
du logis, improviser sur le clavecin, comme les
Italiens improvisent en vers. L'on a soin, presque
partout, que, les jours de marché, il y ait des
joueurs d'instruments à vent sur le balcon de
l'hôtel-de-ville qui domine la place publique : les
paysans des environs participent ainsi à la douce
jouissance du premier des arts. Les écoliers se
promènent dans les rues, le dimanche, en chan-
tant les psaumes en chœur. On raconte que Luther fit souvent partie de ce chœur dans sa première jeunesse. J'étois à Eisenach , petite ville de
Saxe, un jour d'hiver si froid, que les rues même
étoient encombrées de neige ; je vis une longue
suite de jeunes gens en manteau noir, qui traver-
soient la ville en célébrant les louanges de Dieu.
Il n'y avoit qu'eux dans la rue ; car la rigueur des
frimas en écartoit tout le monde ; et ces voix,
presqu'aussi harmonieuses que celles du midi , en
se faisant entendre au milieu d'une nature si sévère , causoient d'autant plus d'attendrissement.
Les habitants de la ville n'osoient, par ce froid
terrible, ouvrir leurs fenêtres ; mais on aperce-
voit, derrière les vitraux , des visages tristes ou
sereins, jeunes ou vieux , qui recevoient avec

joie les consolations religieuses que leur offroit cette douce mélodie.

Les pauvres Bohêmes, alors qu'ils voyagent suivis de leurs femmes et de leurs enfants, portent sur leur dos une mauvaise harpe, d'un bois grossier, dont ils tirent des sons harmonieux. Ils en jouent quand ils se reposent au pied d'un arbre sur les grands chemins, ou lorsqu'auprès des maisons de poste ils tâchent d'intéresser les voyageurs par le concert ambulant de leur famille errante. Les troupeaux, en Autriche, sont gardés par des bergers qui jouent des airs charmants sur des instruments simples et sonores. Ces airs s'accordent parfaitement avec l'impression douce et rêveuse que produit la campagne.

La musique instrumentale est aussi généralement cultivée en Allemagne que la musique vocale en Italie; la nature a plus fait à cet égard, comme à tant d'autres, pour l'Italie que pour l'Allemagne; il faut du travail pour la musique instrumentale, tandis que le ciel du midi suffit pour rendre les voix belles : mais néanmoins les hommes de la classe laborieuse ne pourroient jamais donner à la musique le temps qu'il faut pour l'apprendre, s'ils n'étoient organisés pour la savoir. Les peuples naturellement musiciens reçoivent par l'harmonie des sensations et des idées que leur situation rétrécie et leurs occupations vulgaires ne leur permettroient pas de connoître autrement.

Les paysannes et les servantes, qui n'ont pas assez d'argent pour se parer, ornent leur tête et leurs bras de quelques fleurs, pour qu'au moins l'imagination ait sa part dans leur vêtement : d'autres un peu plus riches mettent les jours de fête un bonnet d'étoffe d'or d'assez mauvais goût, et qui contraste avec la simplicité du reste de leur costume; mais ce bonnet, que leurs mères ont aussi porté, rappelle les anciennes mœurs ; et la parure cérémonieuse avec laquelle les femmes du peuple honorent le dimanche a quelque chose de grave qui intéresse en leur faveur.

Il faut aussi savoir gré aux Allemands de la bonne volonté qu'ils témoignent par les révérences respectueuses et la politesse remplie de formalités, que les étrangers ont si souvent tournée en ridicule. Ils auroient aisément pu remplacer, par des manières froides et indifférentes, la grâce et l'élégance qu'on les accusoit de ne pouvoir atteindre : le dédain impose toujours silence à la moquerie; car c'est surtout aux efforts inutiles qu'elle s'attache ; mais les caractères bienveillants aiment mieux s'exposer à la plaisanterie que de s'en préserver par l'air hautain et contenu qu'il est si facile à tout le monde de se donner.

On est frappé sans cesse, en Allemagne, du contraste qui existe entre les sentiments et les habitudes, entre les talents et les goûts : la civilisation et la nature semblent ne s'être pas encore bien amalgamées ensemble. Quelquefois des hommes très-vrais sont affectés dans leurs expressions et dans leur physionomie, comme s'ils avoient quelque chose à cacher : quelquefois au contraire la douceur de l'âme n'empêche pas la rudesse dans les manières : souvent même cette opposition va plus loin encore, et la foiblesse du caractère se fait voir à travers un langage et des formes dures. L'enthousiasme pour les arts et la poésie se réunit à des habitudes assez vulgaires dans la vie sociale. Il n'est point de pays où les hommes de lettres, où les jeunes gens qui étudient dans les universités, connoissent mieux les langues anciennes et l'antiquité ; mais il n'en est point toutefois où les usages surannés subsistent plus généralement encore. Les souvenirs de la Grèce, le goût des beaux-arts semblent y être arrivés par correspondance ; mais les institutions féodales, les vieilles coutumes des Germains y sont toujours en honneur, quoique, malheureusement pour la puissance militaire du pays, elles n'y aient plus la même force.

Il n'est point d'assemblage plus bizarre que l'aspect guerrier de l'Allemagne entière , les soldats que l'on rencontre à chaque pas, et le genre de vie casanier qu'on y mène. On y craint les fatigues et les intempéries de l'air, comme si la nation n'étoit composée que de négociants et d'hommes de lettres ; et toutes les institutions cependant tendent et doivent tendre à donner à la nation des habitudes militaires. Quand les peuples du nord bravent les inconvénients de leur climat, ils s'endurcissent singulièrement contre tous les genres de maux : le soldat russe en est la preuve. Mais quand le climat n'est qu'à demi rigoureux , et qu'il est encore possible d'échapper aux injures du ciel par des précautions domestiques, ces précautions mêmes rendent les hommes plus sensibles aux souffrances physiques de la guerre.

Les poêles, la bière et la fumée de tabac forment autour des gens du peuple en Allemagne une sorte d'atmosphère lourde et chaude dont ils n'aiment pas à sortir. Cette atmosphère nuit à l'activité, qui est au moins aussi nécessaire à la guerre que le courage; les résolutions sont lentes, le découragement est facile, parce qu'une existence d'ordinaire assez triste ne donne pas beaucoup de confiance dans la fortune. L'habitude d'une manière d'être paisible et réglée prépare si mal aux chances multipliées du hasard, qu'on se soumet plus volontiers à la mort qui vient avec méthode qu'à la vie aventureuse.

La démarcation des classes, beaucoup plus positive en Allemagne qu'elle ne l'étoit en France, devoit anéantir l'esprit militaire parmi les bourgeois: cette démarcation n'a dans le fait rien d'offensant; car, je le répète, la bonhomie se mêle à tout en Allemagne, même à l'orgueil aristocratique; et les différences de rang se réduisent à quelques priviléges de cour, à quelques assemblées qui ne donnent pas assez de plaisir pour mériter de grands regrets. Rien n'est amer, dans quelque rapport que ce puisse être, lorsque la société, et par elle le ridicule, a peu de puissance. Les hommes ne peuvent se faire un véritable mal à l'âme que par la fausseté ou la moquerie: dans un pays sérieux et vrai, il y a toujours de la justice et du bonheur. Mais la barrière qui séparoit, en Alle-

magne, les nobles des citoyens, rendoit nécessairement la nation entière moins belliqueuse.

L'imagination, qui est la qualité dominante de
l'Allemagne artiste et littéraire, inspire la crainte
du péril, si l'on ne combat pas ce mouvement
naturel par l'ascendant de l'opinion et l'exaltation
de l'honneur. En France, déjà même autrefois, le
goût de la guerre étoit universel; et les gens du
peuple risquoient volontiers leur vie comme un
moyen de l'agiter et d'en sentir moins le poids.
C'est une grande question de savoir si les affections domestiques, l'habitude de la réflexion, la
douceur même de l'âme, ne portent pas à redouter
la mort; mais si toute la force d'un Etat consiste
dans son esprit militaire, il importe d'examiner
quelles sont les causes qui ont affoibli cet esprit
dans la nation allemande.

Trois mobiles principaux conduisent d'ordinaire les hommes au combat: l'amour de la patrie
et de la liberté, l'amour de la gloire, et le fanatisme de la religion. Il n'y a point un grand amour
pour la patrie dans un empire divisé depuis
plusieurs siècles, où les Allemands combattoient
contre les Allemands, presque toujours excités
par une impulsion étrangère: l'amour de la gloire
n'a pas beaucoup de vivacité là où il n'y a point

de centre, point de capitale, point de société. L'espèce d'impartialité, luxe de la justice, qui caractérise les Allemands, les rend beaucoup plus susceptibles de s'enflammer pour les pensées abstraites que pour les intérêts de la vie ; le général qui perd une bataille est plus sûr d'obtenir l'indulgence, que celui qui la gagne ne l'est d'être vivement applaudi ; entre les succès et les revers, il n'y a pas assez de différence au milieu d'un tel peuple pour animer vivement l'ambition.

La religion vit, en Allemagne, au fond des cœurs, mais elle y a maintenant un caractère de rêverie et d'indépendance, qui n'inspire pas l'énergie nécessaire aux sentiments exclusifs. Le même isolement d'opinions, d'individus et d'états, si nuisible à la force de l'Empire Germanique, se trouve aussi dans la religion : un grand nombre de sectes diverses partagent l'Allemagne ; et la religion catholique elle-même, qui, par sa nature, exerce une discipline uniforme et sévère, est interprétée cependant par chacun à sa manière. Le lien politique et social des peuples, un même gouvernement, un même culte, les mêmes lois, les mêmes intérêts, une littérature classique, une opinion dominante, rien de tout cela n'existe chez les Allemands. Chaque Etat en est plus indépendant ; chaque science mieux cultivée ; mais la nation entière est tellement subdivisée, qu'on ne sait à quelle partie de l'Empire ce nom même de nation doit être accordé.

L'amour de la liberté n'est point développé chez les Allemands ; ils n'ont appris ni par la jouissance, ni par la privation, le prix qu'on peut y attacher. Il y a plusieurs exemples de gouvernements fédératifs qui donnent à l'esprit public autant de force que l'unité dans le gouvernement ; mais ce sont des associations d'états égaux et de citoyens libres. La fédération allemande étoit composée de forts et de foibles, de citoyens et de serfs, de rivaux et même d'ennemis : c'étoient d'anciens éléments combinés par les circonstances et respectés par les hommes.

La nation est persévérante et juste ; et son équité et sa loyauté empêchent qu'aucune institution, fût-elle vicieuse, ne puisse y faire de mal. Louis de Bavière, partant pour l'armée, confia l'administration de ses Etats à son rival Frédéric-le-Beau, alors son prisonnier, et il se trouva bien de cette confiance, qui dans ce temps n'étonna personne. Avec de telles vertus, on ne craignoit pas les inconvénients de la foiblesse ou de la complication des lois; la probité des individus y suppléoit.

L'indépendance même dont on jouissoit en Allemagne, sous presque tous les rapports, rendoit les Allemands indifférents à la liberté : l'indépendance est un bien, la liberté une garantie; et précisément parce que personne n'étoit froissé en Allemagne, ni dans ses droits, ni dans ses jouissances, on ne sentoit pas lé besoin d'un ordre de choses qui maintînt ce bonheur. Les tribunaux de l'Empire promettoient une justice sûre, quoique lente, contre tout acte arbitraire; et la modération des souverains et la sagesse de leurs peuples ne donnoient presque jamais lieu à des réclamations. On ne croyoit donc pas avoir besoin de fortifications constitutionnelles, quand on né voyoit point d'agresseurs.

On a raison de s'étonner que le code féodal ait subsisté presque sans altérations parmi des hommes si éclairés; mais comme dans l'exécution de ces lois défectueuses en elles-mêmes il n'y avoit jamais d'injustice, l'égalité dans l'application consoloit de l'inégalité dans le principe. Les vieilles chartes, les anciens priviléges de chaque ville, toute cette histoire de famille qui fait le charme et la gloire des petits États, étoit singulièrement chère aux Allemands ; mais ils négligeoient la grande puissance nationale qu'il importoit tant de fonder au milieu des colosses européens.

Les Allemands, à quelques exceptions près, sont peu capables de réussir dans tout ce qui exige de l'adresse et de l'habileté : tout les inquiète, tout les embarrasse, et ils ont autant besoin de méthode dans les actions, que d'indépendance dans les idées. Les Français, au contraire, considèrent les actions avec la liberté de l'art, et les idées avec l'asservissement de l'usage. Les Allemands, qui ne peuvent souffrir le joug des règles en littérature, voudroient que tout leur fût tracé d'avance en fait de conduite. Ils ne savent pas traiter avec les hommes ; et moins on leur donne à cet égard l'occasion de se décider par eux-mêmes, plus ils sont satisfaits.

Les institutions politiques peuvent seules former le caractère d'une nation ; la nature du gouvernement de l'Allemagne étoit presque en opposition avec les lumières philosophiques des Allemands. De là vient qu'ils réunissent la grande audace de pensée au caractère le plus obéissant. La prééminence de l'état militaire et les distinctions de rang les ont accoutumés à la soumission la plus exacte dans les rapports de la vie sociale ; ce n'est pas servilité, c'est régularité chez eux que l'obéissance ; ils sont scrupuleux dans l'accomplissement des ordres qu'ils reçoivent, comme si tout ordre étoit un devoir.

Les hommes éclairés de l'Allemagne se disputent avec vivacité le domaine des spéculations, et ne souffrent dans ce genre aucune entrave ; mais ils abandonnent assez volontiers aux puissants de la terre tout le réel de la vie. « Ce réel, si dédai-« gné par eux, trouve pourtant des acquéreurs « qui portent ensuite le trouble et la gêne dans « l'empire de l'imagination. (1) » L'esprit des Allemands et leur caractère paroissent n'avoir aucune communication ensemble : l'un ne peut souffrir de bornes, l'autre se soumet à tous les jougs ; l'un est très-entreprenant, l'autre très-timide ; enfin les lumières de l'un donnent rarement de la force à l'autre, et cela s'explique facilement. L'étendue des connoissances dans les temps modernes ne fait qu'affoiblir le caractère, quand il n'est pas fortifié par l'habitude des affaires et l'exercice de la volonté. Tout voir et tout comprendre est une grande raison d'incertitude ; et

---

(1) Phrase supprimée par les censeurs.

l'énergie de l'action ne se développe que dans ces contrées libres et puissantes où les sentiments patriotiques sont dans l'âme comme le sang dans les veines, et ne se glacent qu'avec la vie (1).

---

(1) Je n'ai pas besoin de dire que c'étoit l'Angleterre que je voulois désigner par ces paroles; mais quand les noms propres ne sont pas articulés, la plupart des censeurs, hommes éclairés, se font un plaisir de ne pas comprendre. Il n'en est pas de même de la police; elle a une sorte d'instinct vraiment remarquable contre les idées libérales, sous quelque forme qu'elles se présentent, et dans ce genre elle dépiste comme un habile chien de chasse tout ce qui pourroit réveiller dans l'esprit des Français leur ancien amour pour les lumières et la liberté.

CHAPITRE III.

Les femmes.

La nature et la société donnent aux femmes une grande habitude de souffrir, et l'on ne sauroit nier, ce me semble, que de nos jours elles valent, en général, mieux que les hommes. Dans une époque où le mal universel est l'égoïsme, les hommes, auxquels tous les intérêts positifs se rapportent, doivent avoir moins de générosité, moins de sensibilité que les femmes ; elles ne tiennent à la vie que par les liens du cœur, et lorsqu'elles s'égarent, c'est encore par un sentiment qu'elles sont entraînées : leur personnalité est toujours à deux, tandis que celle de l'homme n'a que lui-même pour but. On leur rend hommage par les affections qu'elles inspirent, mais celles qu'elles accordent sont presque toujours des sacrifices. La plus belle des vertus, le dévouement, est leur jouissance et leur destinée ; nul bonheur ne peut exister pour elles que par le reflet de la gloire et des prospérités d'un autre ; enfin, vivre hors de soi-même, soit par les idées, soit par les sentiments, soit surtout par les vertus, donne à l'âme un sentiment habituel d'élévation.

Dans les pays où les hommes sont appelés par les institutions politiques à exercer toutes les vertus militaires et civiles qu'inspire l'amour de la patrie, ils reprennent la supériorité qui leur appartient ; ils rentrent avec éclat dans leurs droits de maîtres du monde : mais lorsqu'ils sont condamnés de quelque manière à l'oisiveté, ou à la servitude, ils tombent d'autant plus bas qu'ils devoient s'élever plus haut. La destinée des femmes reste toujours la même, c'est leur âme seule qui la fait, les circonstances politiques n'y influent en rien. Lorsque les hommes ne savent pas, ou ne peuvent pas employer dignement et noblement leur vie, la nature se venge sur eux des dons mêmes qu'ils en ont reçus ; l'activité du corps ne sert plus qu'à la paresse de l'esprit ; la force de l'âme devient de la rudesse ; et le jour se passe dans des exercices et des amusements vulgaires, les chevaux, la chasse, les festins qui conviendroient comme délassement, mais qui abrutissent comme occupations. Pendant ce temps les femmes cultivent leur esprit, et le sentiment et la rêverie conservent dans leur âme l'image de tout ce qui est noble et beau.

Les femmes allemandes ont un charme qui leur est tout-à-fait particulier, un son de voix touchant, des cheveux blonds, un teint éblouissant; elles sont modestes, mais moins timides que les anglaises; on voit qu'elles ont rencontré moins souvent des hommes qui leur fussent supérieurs, et qu'elles ont d'ailleurs moins à craindre des jugemens sévères du public. Elles cherchent à plaire par la sensibilité, à intéresser par l'imagination; la langue de la poésie et des beaux-arts leur est connue; elles font de la coquetterie avec de l'enthousiasme, comme on en fait en France avec de l'esprit et de la plaisanterie. La loyauté parfaite qui distingue le caractère des Allemands rend l'amour moins dangereux pour le bonheur des femmes, et peut-être s'approchent-elles de ce sentiment avec plus de confiance, parce qu'il est revêtu de couleurs romanesques, et que le dédain et l'infidélité y sont moins à redouter qu'ailleurs.

L'amour est une religion en Allemagne, mais

une religion poétique qui tolère trop volontiers tout ce que la sensibilité peut excuser. On ne sauroit le nier, la facilité du divorce dans les provinces protestantes porte atteinte à la sainteté du mariage. On y change aussi paisiblement d'époux que s'il s'agissoit d'arranger les incidents d'un drame ; le bon naturel des hommes et des femmes fait qu'on ne mêle point d'amertume à ces faciles ruptures ; et comme il y a chez les Allemands plus d'imagination que de vraie passion, les événements les plus bizarres s'y passent avec une tranquillité singulière ; cependant c'est ainsi que les mœurs et le caractère perdent toute consistance ; l'esprit paradoxal ébranle les institutions les plus sacrées, et l'on n'y a sur aucun sujet des règles assez fixes.

On peut se moquer avec raison des ridicules de quelques femmes allemandes qui s'exaltent sans cesse jusqu'à l'affectation, et dont les doucereuses expressions effacent tout ce que l'esprit et le caractère peuvent avoir de piquant et de prononcé ; elles ne sont pas franches, sans pourtant être fausses ; seulement elles ne voient ni ne jugent rien avec vérité, et les événements réels passent devant leurs yeux comme de la fantasmagorie. Quand il leur arrive d'être légères, elles conservent encore la teinte de *sentimentalité* qui est en

honneur dans leur pays. Une femme allemande disoit avec une expression mélancolique : « Je ne
« sais à quoi cela tient, mais les absents me
« passent de l'âme. » Une Française auroit exprimé
cette idée plus gaiement, mais le fond eût été le
même.

Ces ridicules qui font exception n'empêchent
pas que parmi les femmes allemandes il y en ait
beaucoup dont les sentiments soient vrais et les
manières simples. Leur éducation soignée et la
pureté d'âme qui leur est naturelle rendent l'empire qu'elles exercent doux et soutenu ; elles vous
inspirent chaque jour plus d'intérêt pour tout ce
qui est grand et généreux , plus de confiance dans
tous les genres d'espoir, et savent repousser l'aride
ironie qui souffle un vent de mort sur les jouissances du cœur. Néanmoins on trouve très-rare-
ment chez les Allemandes la rapidité d'esprit qui
anime l'entretien et met en mouvement toutes les
idées ; ce genre de plaisir ne se rencontre guère
que dans les sociétés de Paris les plus piquantes et
les plus spirituelles. Il faut l'élite d'une capitale
française pour donner ce rare amusement : partout ailleurs on ne trouve d'ordinaire que de l'éloquence en public, ou du charme dans l'intimité.
La conversation, comme talent, n'existe qu'en

France ; dans les autres pays elle ne sert qu'à la politesse, à la discussion ou à l'amitié : en France, c'est un art auquel l'imagination et l'âme sont sans doute fort nécessaires, mais qui a pourtant aussi, quand on le veut, des secrets pour suppléer à l'absence de l'une et de l'autre.

CHAPITRE IV.

De l'influence de l'esprit de chevalerie sur l'amour et l'honneur.

LA chevalerie est pour les modernes ce que les temps héroïques étoient pour les anciens ; tous les nobles souvenirs des nations européennes s'y rattachent. A toutes les grandes époques de l'histoire les hommes ont eu pour principe universel d'action un enthousiasme quelconque. Ceux qu'on appeloit des héros dans les siècles les plus reculés avoient pour but de civiliser la terre ; les traditions confuses qui nous les représentent comme domptant les monstres des forêts font sans doute allusion aux premiers périls dont la société naissante étoit menacée, et dont les soutiens de son organisation encore nouvelle la préservoient. Vint ensuite l'enthousiasme de la patrie : il inspira tout ce qui s'est fait de grand et de beau chez les Grecs et chez les Romains : cet enthousiasme s'affoiblit quand il n'y eut plus de patrie, et peu de siècles après la chevalerie lui succéda. La chevalerie consistoit dans la défense du foible, dans la loyauté des combats, dans le mépris de la ruse, dans cette charité chrétienne qui cherchoit à mêler l'humanité même à la guerre, dans tous les sentiments enfin qui substituèrent le culte de l'honneur à l'esprit féroce des armes. C'est dans le nord que la chevalerie a pris naissance, mais c'est dans le midi de la France qu'elle s'est embellie par le charme de la poésie et de l'amour. Les Germains avoient de tout temps respecté les femmes, mais ce furent les Français qui cherchèrent à leur plaire ; les Allemands avoient aussi leurs chanteurs d'amour (*Minnesinger*), mais rien ne peut être comparé à nos trouvères et à nos troubadours, et c'étoit peut-être à cette source que nous devions puiser une littérature vraiment nationale. L'esprit de la mythologie du nord avoit beaucoup plus de rapport que le paganisme des anciens Gaulois avec le christianisme, et néanmoins il n'est point de pays où les chrétiens aient été de plus nobles chevaliers, et les chevaliers de meilleurs chrétiens qu'en France.

Les croisades réunirent les gentilshommes de

tous les pays, et firent de l'esprit de chevalerie comme une sorte de patriotisme européen qui remplissoit du même sentiment toutes les âmes. Le régime féodal, cette institution politique triste et sévère, mais qui consolidoit, à quelques égards, l'esprit de la chevalerie en le transformant en lois; le régime féodal, dis-je, s'est maintenu dans l'Allemagne jusqu'à nos jours : il a été détruit en France par le cardinal de Richelieu, et, depuis cette époque jusqu'à la révolution, les Français ont tout-à-fait manqué d'une source d'enthousiasme. Je sais qu'on dira que l'amour de leurs rois en étoit une; mais en supposant qu'un tel sentiment pût suffire à une nation, il tient tellement à la personne même du souverain, que pendant le règne du régent et de Louis XV il eût été difficile, je pense, qu'il fît faire rien de grand aux Français. L'esprit de chevalerie qui brilloit encore par étincelles sous Louis XIV s'éteignit après lui, et fut remplacé, comme le dit un historien piquant et spirituel (1), par *l'esprit de fatuité*, qui lui est entièrement opposé. Loin de protéger les femmes, la fatuité cherche à les perdre; loin de

---

(1) M. de La Cretelle.

dédaigner la ruse, elle s'en sert contre ces êtres foibles qu'elle s'enorgueillit de tromper, et met la profanation dans l'amour à la place du culte.

Le courage même, qui servoit jadis de garant à la loyauté, ne fut plus qu'un moyen brillant de s'en affranchir; car il n'importoit pas d'être vrai, mais il falloit seulement tuer en duel celui qui auroit prétendu qu'on ne l'étoit pas; et l'empire de la société dans le grand monde fit disparoître la plupart des vertus de la chevalerie. La France se trouvoit alors sans aucun genre d'enthousiasme; et comme il en faut un aux nations pour ne pas se corrompre et se dissoudre, c'est sans doute ce besoin naturel qui tourna, dès le milieu du dernier siècle, tous les esprits vers l'amour de la liberté.

La marche philosophique du genre humain paroît donc devoir se diviser en quatre ères différentes : les temps héroïques, qui fondèrent la civilisation ; le patriotisme, qui fit la gloire de l'antiquité ; la chevalerie, qui fut la religion guerrière de l'Europe ; et l'amour de la liberté, dont l'histoire a commencé vers l'époque de la réformation.

L'Allemagne, si l'on en excepte quelques cours

avides d'imiter la France, ne fut point atteinte par la fatuité, l'immoralité et l'incrédulité, qui, depuis la régence, avoient altéré le caractère naturel des Français. La féodalité conservoit encore chez les Allemands des maximes de chevalerie. On s'y battoit en duel, il est vrai, moins souvent qu'en France, parce que la nation germanique n'est pas aussi vive que la nation française, et que toutes les classes du peuple ne participent pas, comme en France, au sentiment de la bravoure; mais l'opinion publique étoit plus sévère en général sur tout ce qui tenoit à la probité. Si un homme avoit manqué de quelque manière aux lois de la morale, dix duels par jour ne l'auroient relevé dans l'estime de personne. On a vu beaucoup d'hommes de bonne compagnie, en France, qui, accusés d'une action condamnable, répondoient : *Il se peut que cela soit mal, mais personne, du moins, n'osera me le dire en face.* Il n'y a point de propos qui suppose une plus grande dépravation; car où en seroit la société humaine s'il suffisoit de se tuer les uns les autres pour avoir le droit de se faire d'ailleurs tout le mal possible; de manquer à sa parole, de mentir, pourvu qu'on n'osât pas vous dire: «Vous en avez menti;» enfin, de séparer la loyauté de la bravoure, et de transformer le courage en un moyen d'impunité sociale ?

Depuis que l'esprit chevaleresque s'étoit éteint en France, depuis qu'il n'y avoit plus de Godefroi, de saint Louis, de Bayard, qui protégeassent la foiblesse, et se crussent liés par une parole comme par des chaînes indissolubles, j'oserai dire, contre l'opinion reçue, que la France a peut-être été, de tous les pays du monde, celui où les femmes étoient le moins heureuses par le cœur. On appeloit la France le paradis des femmes, parce qu'elles y jouissoient d'une grande liberté; mais cette liberté même venoit de la facilité avec laquelle on se détachoit d'elles. Le Turc qui renferme sa femme lui prouve au moins par-là qu'elle est nécessaire à son bonheur : l'homme à bonnes fortunes, tel que le dernier siècle nous en a fourni tant d'exemples, choisit les femmes pour victimes de sa vanité ; et cette vanité ne consiste pas seulement à les séduire, mais à les abandonner. Il faut qu'il puisse indiquer avec des paroles légères et inattaquables en elles-mêmes que telle femme l'a aimé et qu'il ne s'en soucie plus. « Mon amour-« propre me crie : *Fais- la mourir de chagrin,* » disoit un ami du baron de Bezenval, et cet ami lui parut très-regrettable quand une mort prématurée l'empêcha de suivre ce beau dessein. *On se lasse de tout, mon ange*, écrit M. de La Clos dans un roman qui fait frémir par les raffinements d'immoralité qu'il décèle. Enfin, dans ces temps où l'on prétendoit que l'amour régnoit en France, il me semble que la galanterie mettoit les femmes, pour ainsi dire, hors la loi. Quand leur règne d'un moment étoit passé, il n'y avoit pour elles ni générosité, ni reconnoissance, ni même pitié. L'on contrefaisoit les accents de l'amour pour les faire tomber dans le piége, comme le crocodile, qui imite la voix des enfants pour attirer leurs mères.

Louis XIV, si vanté par sa galanterie chevaleresque, ne se montra-t-il pas le plus dur des hommes dans sa conduite envers la femme dont il avoit été le plus aimé, madame de La Vallière? Les détails qu'on en lit dans les mémoires de Madame sont affreux. Il navra de douleur l'âme infortunée qui n'avoit respiré que pour lui ; et vingt années de larmes au pied de la croix purent à peine cicatriser les blessures que le cruel dédain du monarque avoit faites. Rien n'est si barbare que la vanité ; et comme la société, le bon ton, la mode, le succès, mettent singulièrement en jeu cette vanité, il n'est aucun pays où le bonheur des femmes soit plus en danger que celui où tout dépend de ce qu'on appelle l'opinion, et où chacun apprend des autres ce qu'il est de bon goût de sentir.

Il faut l'avouer, les femmes ont fini par prendre part à l'immoralité qui détruisoit leur véritable empire : en valant moins, elles ont moins souffert. Cependant, à quelques exceptions près, la vertu des femmes dépend toujours de la conduite des hommes. La prétendue légèreté des femmes vient de ce qu'elles ont peur d'être abandonnées : elles se précipitent dans la honte par crainte de l'outrage.

L'amour est une passion beaucoup plus sérieuse en Allemagne qu'en France. La poésie, les beaux-arts, la philosophie même, et la religion, ont fait de ce sentiment un culte terrestre qui répand un noble charme sur la vie. Il n'y a point eu dans ce pays, comme en France, des écrits licencieux qui circuloient dans toutes les classes, et détruisoient le sentiment chez les gens du monde, et la moralité chez les gens du peuple. Les Allemands ont cependant, il faut en convenir, plus d'imagination que de sensibilité ; et leur loyauté seule répond de leur constance. Les Français, en général, respectent les devoirs positifs ; les Allemands se croient plus engagés par les affections que par les devoirs. Ce que nous avons dit sur la facilité du divorce en est la preuve ; chez eux l'amour est plus sacré que le mariage. C'est par une honorable délicatesse sans doute qu'ils sont surtout fidèles aux promesses que les lois ne garantissent pas : mais celles que les lois garantissent sont plus importantes pour l'ordre social.

L'esprit de chevalerie règne encore chez les Allemands pour ainsi dire passivement ; ils sont incapables de tromper, et leur loyauté se retrouve dans tous les rapports intimes ; mais cette énergie sévère , qui commandoit aux hommes tant de sacrifices , aux femmes tant de vertus , et faisoit de la vie entière une œuvre sainte où dominoit toujours la même pensée ; cette énergie chevaleresque des temps jadis n'a laissé dans l'Allemagne qu'une empreinte effacée. Rien de grand ne s'y fera désormais que par l'impulsion libérale qui a succédé dans l'Europe à la chevalerie.

CHAPITRE V.

De l'Allemagne méridionale.

Il étoit assez généralement reconnu qu'il n'y avoit de littérature que dans le nord de l'Allemagne, et que les habitants du midi se livroient aux jouissances de la vie physique, pendant que les contrées septentrionales goûtoient plus exclusivement celles de l'âme. Beaucoup d'hommes de génie sont nés dans le midi, mais ils se sont formés dans le nord. On trouve non loin de la Baltique les plus beaux établissements, les savants et les hommes de lettres les plus distingués ; et depuis Weimar jusqu'à Kœnigsberg, depuis Kœnigsberg jusqu'à Copenhague les brouillards et les frimas semblent l'élément naturel des hommes d'une imagination forte et profonde.

Il n'est point de pays qui ait plus besoin que l'Allemagne de s'occuper de littérature ; car la société y offrant peu de charmes, et les individus n'ayant pas pour la plupart cette grâce et cette vivacité que donne la nature dans les pays chauds, il en résulte que les Allemands ne sont aimables que quand ils sont supérieurs, et qu'il leur faut du génie pour avoir beaucoup d'esprit.

La Franconie, la Souabe et la Bavière, avant la réunion illustre de l'académie actuelle à Munich, étoient des pays singulièrement lourds et monotones : point d'arts, la musique exceptée ; peu de littérature ; un accent rude qui se prêtoit difficilement à la prononciation des langues latines ; point de société ; de grandes réunions qui ressembloient à des cérémonies plutôt qu'à des plaisirs ; une politesse obséquieuse envers une aristocratie sans élégance ; de la bonté, de la loyauté dans toutes les classes ; mais une certaine roideur souriante qui ôte tout à la fois l'aisance et la dignité. On ne doit donc pas s'étonner des jugements qu'on a portés, des plaisanteries qu'on a faites sur l'ennui de l'Allemagne. Il n'y a que les villes littéraires qui puissent vraiment intéresser dans un pays où la société n'est rien et la nature peu de chose.

On auroit peut-être cultivé les lettres dans le midi de l'Allemagne avec autant de succès que dans le nord, si les souverains avoient mis à ce genre d'étude un véritable intérêt ; cependant, il faut en convenir, les climats tempérés sont plus propres à la société qu'à la poésie. Lorsque le climat n'est ni sévère ni beau, quand on vit sans avoir rien à craindre ni à espérer du ciel, on ne s'occupe guère que des intérêts positifs de l'existence. Ce sont les délices du midi ou les rigueurs du nord qui ébranlent fortement l'imagination. Soit qu'on lutte contre la nature, ou qu'on s'enivre de ses dons, la puissance de la création n'en est pas moins forte, et réveille en nous le sentiment des beaux-arts ou l'instinct des mystères de l'âme.

L'Allemagne méridionale, tempérée sous tous les rapports, se maintient dans un état de bien-être monotone, singulièrement nuisible à l'activité des affaires comme à celle de la pensée. Le plus vif désir des habitants de cette contrée paisible et féconde, c'est de continuer à exister comme ils existent ; et que fait-on avec ce seul désir ? il ne suffit pas même pour conserver ce dont on se contente.

CHAPITRE VI.

De l'Autriche (1).

Les littérateurs du nord de l'Allemagne ont accusé l'Autriche de négliger les sciences et les lettres ; on a même fort exagéré l'espèce de gêne que la censure y établissoit. S'il n'y a pas eu de grands hommes dans la carrière littéraire en Autriche, ce n'est pas autant à la contrainte qu'au manque d'émulation qu'il faut l'attribuer.

C'est un pays si calme, un pays où l'aisance est si tranquillement assurée à toutes les classes de citoyens, qu'on n'y pense pas beaucoup aux jouissances intellectuelles. On y fait plus pour le devoir que pour la gloire ; les récompenses de l'o-

---

(1) Ce chapitre sur l'Autriche a été écrit dans l'année 1808.

pinion y sont si ternes, et ses punitions si douces, que, sans le mobile de la conscience, il n'y auroit pas de raison pour agir vivement dans aucun sens.

Les exploits militaires devoient être l'intérêt principal des habitants d'une monarchie qui s'est illustrée par des guerres continuelles, et cependant la nation autrichienne s'étoit tellement livrée au repos et aux douceurs de la vie, que les événemens publics eux-mêmes n'y faisoient pas grand bruit jusqu'au moment où ils pouvoient réveiller le patriotisme; et ce sentiment est calme dans un pays où il n'y a que du bonheur. L'on trouve en Autriche beaucoup de choses excellentes, mais peu d'hommes vraiment supérieurs, car il n'y est pas fort utile de valoir mieux qu'un autre; on est pas envié pour cela, mais oublié, ce qui décourage encore plus. L'ambition persiste dans le désir d'obtenir des places; le génie se lasse de lui-même; le génie, au milieu de la société, est une douleur, une fièvre intérieure dont il faudroit se faire traiter comme d'un mal, si les récompenses de la gloire n'en adoucissoient pas les peines.

En Autriche et dans le reste de l'Allemagne on plaide toujours par écrit, et jamais à haute voix. Les prédicateurs sont suivis parce qu'on observe les pratiques de religion ; mais ils n'attirent point par leur éloquence. Les spectacles sont extrêmement négligés, surtout la tragédie. L'administration est conduite avec beaucoup de sagesse et de justice ; mais il y a tant de méthode en tout, qu'à peine si l'on peut s'apercevoir de l'influence des hommes. Les affaires se traitent d'après un certain ordre de numéros que rien au monde ne dérange. Des règles invariables en décident, et tout se passe dans un silence profond. Ce silence n'est pas l'effet de la terreur, car que peut-on craindre dans un pays où les vertus du monarque et les principes de l'équité dirigent tout ? Mais le profond repos des esprits comme des âmes ôte tout intérêt à la parole. Le crime ou le génie, l'intolérance ou l'enthousiasme, les passions ou l'héroïsme ne troublent ni n'exaltent l'existence. Le cabinet autrichien a passé dans le dernier siècle pour très-astucieux : ce qui ne s'accorde guère avec le caractère allemand en général ; mais souvent on prend pour une politique profonde ce qui n'est que l'alternative de l'ambition et de la foiblesse. L'histoire attribue presque toujours aux individus comme aux gouvernements plus de combinaison qu'ils n'en ont eu.

L'Autriche, réunissant dans son sein des peuples très-divers, tels que les Bohêmes, les Hongrois, etc., n'a point cette unité si nécessaire à une monarchie; néanmoins la grande modération des maîtres de l'Etat a fait depuis long-temps un lien pour tous de l'attachement à un seul. L'empereur d'Allemagne étoit tout à la fois souverain de son propre pays, et chef constitutionnel de l'Empire. Sous ce dernier rapport, il avoit à ménager des intérêts divers et des lois établies, et prenoit, comme magistrat impérial, une habitude de justice et de prudence, qu'il reportoit ensuite dans le gouvernement de ses Etats héréditaires. La nation bohême et hongroise, les Tyroliens et les Flamands, qui composoient autrefois la monarchie, ont tous plus de vivacité naturelle que les véritables Autrichiens; ceux-ci s'occupent sans cesse de l'art de modérer au lieu de celui d'encourager. Un gouvernement équitable, une terre fertile, une nation riche et sage, tout devoit leur faire croire qu'il ne falloit que se maintenir pour être bien, et qu'on n'avoit besoin en aucun genre du secours extraordinaire des talents supérieurs. On peut s'en passer en effet dans les temps paisibles de l'histoire; mais que faire sans eux dans les grandes luttes?

L'esprit du catholicisme qui dominoit à Vienne,

quoique toujours avec sagesse , avoit pourtant écarté sous le règne de Marie-Thérèse ce qu'on appeloit les lumières du dix-huitième siècle. Joseph II vint ensuite, et prodigua toutes ces lumières à un Etat qui n'étoit préparé ni au bien ni au mal qu'elles peuvent faire. Il réussit momentanément dans ce qu'il vouloit, parce qu'il ne rencontra point en Autriche de passion vive ni pour ni contre ses désirs; « mais après sa mort « il ne resta rien de ce qu'il avoit établi (1), » parce que rien ne dure que ce qui vient progressivement.

L'industrie, le bien-vivre et les jouissances domestiques sont les intérêts principaux de l'Autriche. Malgré la gloire qu'elle s'est acquise par la persévérance et la valeur de ses troupes, l'esprit militaire n'a pas vraiment pénétré dans toutes les classes de la nation. Ses armées sont pour elle comme des forteresses ambulantes, mais il n'y a guère plus d'émulation dans cette carrière que dans toutes les autres; les officiers les plu probes sont en même temps les plus braves; ils y ont d'autant plus de mérite, qu'il en résulte ra-

---

(1) Supprimé par la censure.

rement pour eux un avancement brillant et rapide. On se fait presque un scrupule en Autriche
de favoriser les hommes supérieurs, et l'on auroit pu croire quelquefois que le gouvernement
vouloit pousser l'équité plus loin que la nature,
et traiter d'une égale manière le talent et la médiocrité.

L'absence d'émulation a sans doute un avantage, c'est qu'elle apaise la vanité; mais souvent aussi la fierté même s'en ressent, et l'on
finit par n'avoir plus qu'un orgueil commode
auquel l'extérieur seul suffit en tout.

C'étoit aussi, ce me semble, un mauvais système que d'interdire l'entrée des livres étrangers.
Si l'on pouvoit conserver dans un pays l'énergie
du treizième et du quatorzième siècle, en le
garantissant des écrits du dix-huitième, ce seroit
peut-être un grand bien; mais comme il faut
nécessairement que les opinions et les lumières
de l'Europe pénètrent au milieu d'une monarchie qui est au centre même de cette Europe, c'est
un inconvénient de ne les y laisser arriver qu'à
demi; car ce sont les plus mauvais écrits qui
se font jour. Les livres remplis de plaisanteries
immorales et de principes égoïstes amusent le
vulgaire, et sont toujours connus de lui : et les

lois prohibitives n'ont tout leur effet que contre les ouvrages philosophiques, qui élèvent l'âme et étendent les idées. La contrainte que ces lois imposent, est précisément ce qu'il faut pour favoriser la paresse de l'esprit, mais non pour conserver l'innocence du cœur.

Dans un pays où tout mouvement est difficile; dans un pays où tout inspire une tranquillité profonde, le plus léger obstacle suffit pour ne rien faire; pour ne rien écrire, et, si l'on le veut même, pour ne rien penser. Qu'y a-t-il de mieux que le bonheur, dira-t-on? Il faut savoir néanmoins ce qu'on entend par ce mot. Le bonheur consiste-t-il dans les facultés qu'on développe, ou dans celles qu'on étouffe? Sans doute un gouvernement est toujours digne d'estime quand il n'abuse point de son pouvoir, et ne sacrifie jamais la justice à son intérêt; mais la félicité du sommeil est trompeuse; de grands revers peuvent la troubler; et pour tenir plus aisément et plus doucement les rênes, il ne faut pas engourdir les coursiers.

Une nation peut très-facilement se contenter des biens communs de la vie, le repos et l'aisance; et des penseurs superficiels prétendront que tout l'art social se borne à donner au peuple ces biens. Il en faut pourtant de plus nobles pour se croire une patrie. Le sentiment patriotique se compose des souvenirs que les grands hommes ont laissés, de l'admiration qu'inspirent les chefs-d'œuvre du génie national ; enfin de l'amour que l'on ressent pour les institutions, la religion et la gloire de son pays. Toutes ces richesses de l'âme sont les seules que raviroit un joug étranger ; mais si l'on s'en tenoit uniquement aux jouissances matérielles, le même sol, quel que fût son maître, ne pourroit-il pas toujours les procurer ?

L'on craignoit à tort dans le dernier siècle, en Autriche, que la culture des lettres n'affoiblît l'esprit militaire. Rodolphe de Habsbourg détacha de son cou la chaîne d'or qu'il portoit, pour en décorer un poëte alors célèbre. Maximilien fit écrire un poëme sous sa dictée. Charles-Quint savoit et cultivoit presque toutes les langues. Il y avoit jadis sur la plupart des trônes de l'Europe des souverains instruits dans tous les genres, et qui trouvoient dans les connoissances littéraires une nouvelle source de grandeur d'âme. Ce ne sont ni les lettres ni les sciences qui nuiront jamais à l'énergie du caractère. L'éloquence rend plus brave, la bravoure rend plus éloquent ;

tout ce qui fait battre le cœur pour une idée généreuse double la véritable force de l'homme, sa
volonté : mais l'égoïsme systématique, dans lequel
on comprend quelquefois sa famille comme un
appendice de soi-même, mais la philosophie,
vulgaire au fond, quelque élégante qu'elle soit dans
les formes, qui porte à dédaigner tout ce qu'on
appelle des illusions, c'est-à-dire le dévouement
et l'enthousiasme ; voilà le genre de lumières redoutable pour les vertus nationales ; voilà celles
cependant que la censure ne sauroit écarter d'un
pays entouré par l'atmosphère du dix-huitième
siècle : l'on ne peut échapper à ce qu'il y a de
pervers dans les écrits qu'en laissant arriver de
toutes parts ce qu'ils contiennent de grand et de
libre.

On défendoit à Vienne de représenter Don
Carlos, parce qu'on ne vouloit pas y tolérer son
amour pour Elizabeth. Dans Jeanne d'Arc, de
Schiller, on faisoit d'Agnès Sorel la femme légitime de Charles VII. Il n'étoit pas permis à la
bibliothèque publique de donner à lire l'Esprit
des Lois : mais, au milieu de cette gêne, les
romans de Crébillon circuloient dans les mains
de tout le monde ; les ouvrages licencieux en-
troient, les ouvrages sérieux étoient seuls arrêtés.

Le mal que peuvent faire les mauvais livres n'est corrigé que par les bons; les inconvénients des lumières ne sont évités que par un plus haut degré de lumières. Il y a deux routes à prendre en toutes choses : retrancher ce qui est dangereux, ou donner des forces nouvelles pour y résister. Le second moyen est le seul qui convienne à l'époque où nous vivons; car l'innocence ne pouvant être de nos jours la compagne de l'ignorance, celle-ci ne fait que du mal. Tant de paroles ont été dites, tant de sophismes répétés, qu'il faut beaucoup savoir pour bien juger, et les temps sont passés où l'on s'en tenoit en fait d'idées au patrimoine de ses pères. On doit donc songer, non à repousser les lumières, mais à les rendre complètes, pour que leurs rayons brisés ne présentent point de fausses lueurs. Un gouvernement ne sauroit prétendre à dérober à une grande nation la connoissance de l'esprit qui règne dans son siècle; cet esprit renferme des éléments de force et de grandeur, dont on peut user avec succès quand on ne craint pas d'aborder hardiment toutes les questions : on trouve alors dans les vérités éternelles des ressources contre les erreurs passagères, et dans la liberté même le maintien de l'ordre et l'accroissement de la puissance.

CHAPITRE VII.

Vienne.

Vienne est situé dans une plaine au milieu de plusieurs collines pittoresques. Le Danube qui la traverse et l'entoure se partage en diverses branches qui forment des îles fort agréables; mais le fleuve lui-même perd de sa dignité dans tous ces détours, et il ne produit pas l'impression que promet son antique renommée. Vienne est une vieille ville assez petite, mais environnée de faubourgs très-spacieux: on prétend que la ville, renfermée dans les fortifications, n'est pas plus grande qu'elle ne l'étoit quand Richard Cœur-de-Lion fut mis en prison non loin de ses portes. Les rues y sont étroites comme en Italie, les palais rappellent un peu ceux de Florence; enfin rien n'y ressemble au reste de l'Allemagne, si ce n'est quelques édifices gothiques qui retracent le moyen âge à l'imagination.

Le premier de ces édifices est la tour de Saint-Étienne : elle s'élève au-dessus de toutes les églises de Vienne, et domine majestueusement la bonne et paisible ville, dont elle a vu passer les générations et la gloire. Il fallut deux siècles, dit-on, pour achever cette tour commencée en 1100 ; toute l'histoire d'Autriche s'y rattache de quelque manière. Aucun édifice ne peut être aussi patriotique qu'une église ; c'est le seul dans lequel toutes les classes de la nation se réunissent, le seul qui rappelle non-seulement les événements publics, mais les pensées secrètes, les affections intimes que les chefs et les citoyens ont apportées dans son enceinte. Le temple de la divinité semble présent comme elle aux siècles écoulés.

Le tombeau du prince Eugène est le seul qui, depuis long-temps, ait été placé dans cette église ; il y attend d'autres héros. Comme je m'en approchois, je vis attaché à l'une des colonnes qui l'entourent un petit papier sur lequel il étoit écrit *qu'une jeune femme demandoit qu'on priât pour elle pendant sa maladie.* Le nom de cette jeune femme n'étoit point indiqué ; c'étoit un être malheureux qui s'adressoit à des êtres inconnus, non pour des secours, mais pour des prières, et tout cela se passoit à côté d'un illustre mort qui avoit pitié peut-être aussi du pauvre vivant. C'est un usage pieux des catholiques, et que nous devrions imiter, de laisser les églises toujours ouvertes ; il y a tant de moments où l'on éprouve le besoin de cet asile, et jamais on n'y entre sans ressentir une émotion qui fait du bien à l'âme, et lui rend, comme par une ablution sainte, sa force et sa pureté.

Il n'est point de grande ville qui n'ait un édifice, une promenade, une merveille quelconque de l'art ou de la nature, à laquelle les souvenirs de l'enfance se rattachent. Il me semble que le *Prater* doit avoir pour les habitants de Vienne un charme de ce genre ; on ne trouve nulle part, si près d'une capitale, une promenade qui puisse faire jouir ainsi des beautés d'une nature tout à la fois agreste et soignée. Une forêt majestueuse se prolonge jusqu'aux bords du Danube : l'on voit de loin des troupeaux de cerfs traverser la prairie ; ils reviennent chaque matin ; ils s'enfuient chaque soir, quand l'affluence des promeneurs trouble leur solitude. Le spectacle qui n'a lieu à Paris que trois jours de l'année sur la route de Long-Champ, se renouvelle constamment à Vienne dans la belle saison. C'est une coutume italienne que cette promenade de tous les jours à la même heure. Une telle régularité seroit impossible dans un pays où les plaisirs sont aussi variés qu'à Paris ; mais les Viennois, quoi qu'il arrive, pourroient difficilement s'en déshabituer. Il faut convenir que c'est un coup-d'œil charmant que toute cette nation citadine réunie sous l'ombrage d'arbres magnifiques et sur les gazons dont le Danube entretient la verdure. La bonne compagnie en voiture, le peuple à pied, se rassemblent là chaque soir. Dans ce sage pays l'on traite les plaisirs comme les devoirs, et l'on a de même l'avantage de ne s'en lasser jamais, quelque uniformes qu'ils soient. On porte dans la dissipation autant d'exactitude que dans les affaires, et l'on perd son temps aussi méthodiquement qu'on l'emploie.

Si vous entrez dans une des redoutes où il y a des bals pour les bourgeois les jours de fêtes, vous verrez des hommes et des femmes exécuter gravement l'un vis-à-vis de l'autre les pas d'un menuet dont ils se sont imposé l'amusement ; la foule sépare souvent le couple dansant, et cependant il continue comme s'il dansoit pour l'acquit de sa conscience ; chacun des deux va tout seul à droite et à gauche, en avant, en arrière, sans s'embarrasser de l'autre qui figure aussi scrupuleusement de son côté : de temps en temps seulement ils poussent un petit cri de joie et rentrent tout de suite après dans le sérieux de leur plaisir.

C'est surtout au Prater qu'on est frappé de l'aisance et de la prospérité du peuple de Vienne. Cette ville a la réputation de consommer en nourriture plus que toute autre ville d'une population égale, et ce genre de supériorité un peu vulgaire ne lui est pas contesté. On voit des familles entières de bourgeois et d'artisans qui partent à cinq heures du soir pour aller au Prater faire un goûter champêtre aussi substantiel que le dîner d'un autre pays, et l'argent qu'ils peuvent dépenser là prouve assez combien ils sont laborieux et doucement gouvernés. Le soir des milliers d'hommes reviennent tenant par la main leurs femmes et leurs enfants ; aucun désordre, aucune querelle ne trouble cette multitude dont on entend à peine la voix, tant sa joie est silencieuse ! Ce silence cependant ne vient d'aucune disposition triste de l'âme, c'est plutôt un certain bien-être physique, qui, dans le midi de l'Allemagne, fait rêver aux sensations, comme dans le nord aux idées. L'existence végétative du midi de l'Allemagne a quelques rapports avec l'existence contemplative du nord : il y a du repos, de la paresse et de la réflexion dans l'une et l'autre.

Si vous supposiez une aussi nombreuse réunion de Parisiens dans un même lieu, l'air étin-
celleroit de bons mots, de plaisanteries, de dis-
putes, et jamais un Français n'auroit un plaisir où
l'amour-propre ne pût se faire place de quelque
manière.

Les grands seigneurs se promènent avec des
chevaux et des voitures très-magnifiques et de
fort bon goût; tout leur amusement consiste à
reconnoître dans une allée du Prater ceux qu'ils
viennent de quitter dans un salon; mais la diversité des objets empêche de suivre aucune pensée,
et la plupart des hommes se complaisent à dissiper ainsi les réflexions qui les importunent. Ces
grands seigneurs de Vienne, les plus illustres et
les plus riches de l'Europe, n'abusent d'aucun de
leurs avantages, ils laissent de misérables fiacres
arrêter leurs brillants équipages. L'empereur et ses
frères se rangent tranquillement aussi à la file, et
veulent être considérés, dans leurs amusements,
comme de simples particuliers; ils n'usent de
leurs droits que quand ils remplissent leurs devoirs.
L'on aperçoit souvent au milieu de toute cette
foule des costumes orientaux, hongrois et polonais, qui réveillent l'imagination; et de distance
en distance une musique harmonieuse donne à

ce rassemblement l'air d'une fête paisible où chacun jouit de soi-même sans s'inquiéter de son
voisin.

Jamais on ne rencontre un mendiant au milieu
de cette réunion, on n'en voit point à Vienne;
les établissements de charité sont administrés avec
beaucoup d'ordre et de libéralité, la bienfaisance
particulière et publique est dirigée avec un grand
esprit de justice, et le peuple lui-même, ayant en
général plus d'industrie et d'intelligence commer-
ciale que dans le reste de l'Allemagne, conduit
bien sa propre destinée. Il y a très-peu d'exemples en Autriche de crimes qui méritent la mort;
tout enfin dans ce pays porte l'empreinte d'un
gouvernement paternel, sage et religieux. Les
bases de l'édifice social sont bonnes et respectables;
mais il y manque « un faîte et des colonnes pour
« que la gloire et le génie puissent y avoir un
« temple (1). »

J'étois à Vienne, en 1808, lorsque l'empereur
François II épousa sa cousine germaine, la fille de
l'archiduc de Milan et de l'archiduchesse Béatrix,
la dernière princesse de cette maison d'Est que

---

(1) **Supprimé par la censure.**

l'Arioste et Le Tasse ont tant célébrée. L'archiduc Ferdinand et sa noble épouse se sont vus tous les deux privés de leurs États par les vicissitudes de la guerre, et la jeune impératrice, élevée « dans « ces temps cruels (1), » réunissoit sur sa tête le double intérêt de la grandeur et de l'infortune. C'étoit une union que l'inclination avoit déterminée, et dans laquelle aucune convenance politique n'étoit entrée, bien que l'on ne pût en contracter une plus honorable. On éprouvoit à la fois des sentiments de sympathie et de respect pour les affections de famille qui rapprochoient ce mariage de nous et pour le rang illustre qui l'en éloignoit. Un jeune prince, archevêque de Waizen, donnoit la bénédiction nuptiale à sa sœur et à son souverain ; la mère de l'impératrice, dont les vertus et les lumières exercent le plus puissant empire sur ses enfants, devint en un instant sujette de sa fille et marchoit derrière elle avec un mélange de déférence et de dignité, qui rappeloit tout à la fois les droits de la couronne et ceux de la nature. Les frères de l'empereur et de l'impératrice, tous employés dans l'armée ou dans l'administration,

______

(1) Supprimé par la censure.

tous dans des degrés différents, également voués au bien public, l'accompagnoient à l'autel, et l'église étoit remplie par les grands de l'État, les femmes, les filles et les mères des plus anciens gentilshommes de la noblesse teutonique. On n'avoit rien fait de nouveau pour la fête; il suffisoit à sa pompe de montrer ce que chacun possédoit. Les parures même des femmes étoient héréditaires, et les diamants substitués dans chaque famille consacroient les souvenirs du passé à l'ornement de la jeunesse : les temps anciens étoient présents à tout, et l'on jouissoit d'une magnificence que les siècles avoient préparée, mais qui ne coûtoit point de nouveaux sacrifices au peuple.

Les amusements qui succédèrent à la consécration du mariage avoient presque autant de dignité que la cérémonie elle-même. Ce n'est point ainsi que les particuliers doivent donner des fêtes, mais il convient peut-être de retrouver dans tout ce que font les rois l'empreinte sévère de leur auguste destinée. Non loin de cette église, autour de laquelle les canons et les fanfares annonçoient l'alliance renouvelée de la maison d'Est avec la maison d'Habsbourg, l'on voit l'asile qui renferme depuis deux siècles les tombeaux des empereurs d'Autriche et de leur famille. C'est là, dans le caveau des capucins, que Marie-Thérèse, pendant trente années, entendoit la messe en présence même du sépulcre qu'elle avoit fait préparer pour elle à côté de son époux. Cette illustre Marie-Thérèse avoit tant souffert dans les premiers jours de sa jeunesse, que le pieux sentiment de l'instabilité de la vie ne la quitta jamais, au milieu même de ses grandeurs. Il y a beaucoup d'exemples d'une dévotion sérieuse et constante parmi les souverains de la terre ; comme ils n'obéissent qu'à la mort, son irrésistible pouvoir les frappe davantage. Les difficultés de la vie se placent entre nous et la tombe ; tout est aplani pour les rois jusqu'au terme, et cela même le rend plus visible à leurs yeux.

Les fêtes conduisent naturellement à réfléchir sur les tombeaux ; de tout temps la poésie s'est plue à rapprocher ces images, et le sort aussi est un terrible poëte qui ne les a que trop souvent réunies.

CHAPITRE VIII.

De la société.

Les riches et les nobles n'habitent presque jamais les faubourgs de Vienne, et l'on est rapproché les uns des autres comme dans une petite ville, quoique l'on y ait d'ailleurs tous les avantages d'une grande capitale. Ces faciles communications, au milieu des jouissances de la fortune et du luxe, rendent la vie habituelle très-commode, et le cadre de la société, si l'on peut s'exprimer ainsi, c'est-à-dire les habitudes, les usages et les manières, sont extrêmement agréables. On parle dans l'étranger de l'étiquette sévère et de l'orgueil aristocratique des grands seigneurs autrichiens ; cette accusation n'est pas fondée : il y a de la simplicité, de la politesse, et surtout de la loyauté dans la bonne compagnie de Vienne ; et le même esprit de justice et de régularité qui dirige les affaires importantes se retrouve encore dans les plus petites circonstances. On y est fidèle à des invitations de dîner et de souper, comme on le seroit à des engagements essentiels ; et les faux airs qui font consister l'élégance dans le mépris des égards ne s'y sont point introduits. Cependant l'un des principaux désavantages de la société de Vienne, c'est que les nobles et les hommes de lettres ne se mêlent point ensemble. L'orgueil des nobles n'en est point la cause ; mais comme on ne compte pas beaucoup d'écrivains distingués à Vienne, et qu'on y lit assez peu, chacun vit dans sa cotterie, parce qu'il n'y a que des cotteries au milieu d'un pays où les idées générales et les intérêts publics ont si peu d'occasion de se développer. Il résulte de cette séparation des classes que les gens de lettres manquent de grâce, et que les gens du monde acquièrent rarement de l'instruction.

L'exactitude de la politesse, qui est à quelques égards une vertu, puisqu'elle exige souvent des sacrifices, a introduit dans Vienne les plus ennuyeux usages possibles. Toute la bonne compagnie se transporte en masse d'un salon à l'autre trois ou quatre fois par semaine. On perd un certain temps pour la toilette nécessaire dans ces grandes réunions, on en perd dans la rue, on en perd sur les escaliers en attendant que le tour de sa voiture arrive, on en perd en restant trois heures à table; et il est impossible, dans ces assemblées nombreuses, de rien entendre qui sorte du cercle des phrases convenues. C'est une habile invention de la médiocrité pour annuler les facultés de l'esprit, que cette exhibition journalière de tous les individus les uns aux autres. S'il étoit reconnu qu'il faut considérer la pensée comme une maladie contre laquelle un régime régulier est nécessaire, on ne sauroit rien imaginer de mieux qu'un genre de distraction à la fois étourdissant et insipide: une telle distraction ne permet de suivre aucune idée, et transforme le langage en un gazouillement qui peut être appris aux hommes comme à des oiseaux.

J'ai vu représenter à Vienne une pièce dans laquelle Arlequin arrivoit revêtu d'une grande robe et d'une magnifique perruque, et tout à coup il s'escamotoit lui-même, laissoit debout sa robe et sa perruque pour figurer à sa place, et s'en alloit vivre ailleurs; on seroit tenté de proposer ce tour de passe-passe à ceux qui fréquentent les grandes assemblées. On n'y va point pour rencontrer l'objet auquel on désireroit de plaire ; la sévérité des mœurs et la tranquillité de l'âme concentrent, en Autriche, les affections au sein de sa famille. On n'y va point par ambition, car tout se passe avec tant de régularité dans ce pays, que l'intrigue y a peu de prise, et ce n'est pas d'ailleurs au milieu de la société qu'elle pourroit trouver à s'exercer. Ces visites et ces cercles sont imaginés pour que tous fassent la même chose à la même heure ; on préfère ainsi l'ennui qu'on partage avec ses semblables à l'amusement qu'on seroit forcé de se créer chez soi.

Les grandes assemblées, les grands dîners ont aussi lieu dans d'autres villes ; mais comme on y rencontre d'ordinaire tous les individus remarquables du pays où l'on est, il y a plus de moyens d'échapper à ces formules de conversation, qui, dans de semblables réunions, succèdent aux révérences, et les continuent en paroles. La société ne sert point en Autriche, comme en France, à développer l'esprit ni à l'animer ; elle ne laisse dans la tête que du bruit et du vide : aussi les hommes les plus spirituels du pays ont-ils soin, pour la plupart, de s'en éloigner ; les femmes seules y paroissent, et l'on est étonné de l'esprit qu'elles ont, malgré le genre de vie qu'elles mènent. Les étrangers apprécient l'agrément de leur entretien; mais ce qu'on rencontre le moins dans les salons de la capitale de l'Allemagne, ce sont des Allemands.

L'on peut se plaire dans la société de Vienne, par la sûreté, l'élégance et la noblesse des manières que les femmes y font régner; mais il y manque quelque chose à dire, quelque chose à faire, un but, un intérêt. On voudroit que le jour fût différent de la veille, sans que pourtant cette variété brisât la chaîne des affections et des habitudes. La monotonie, dans la retraite, tranquillise l'âme; la monotonie, dans le grand monde, fatigue l'esprit.

CHAPITRE IX.

Des étrangers qui veulent imiter l'esprit français.

La destruction de l'esprit féodal, et de l'ancienne vie de château qui en étoit la conséquence, a introduit beaucoup de loisir parmi les nobles ; ce loisir leur a rendu très - nécessaire l'amusement de la société ; et comme les Français sont passés maîtres dans l'art de causer, ils se sont rendus souverains de l'opinion européenne, ou plutôt de la mode, qui contrefait si bien l'opinion. Depuis le règne de Louis XIV, toute la bonne compagnie du continent, l'Espagne et l'Italie exceptées, a mis son amour-propre dans l'imitation des Français. En Angleterre il existe un objet constant de conversation, les intérêts politiques, qui sont les intérêts de chacun et de tous ; dans le midi il n'y a point de société : le soleil, l'amour et les beaux-arts remplissent la vie. A Paris on s'entretient assez généralement de littérature ; et les spectacles qui se renouvellent sans cesse donnent lieu à des observations ingénieuses et spirituelles. Mais dans la plupart des autres grandes villes le seul sujet dont on ait l'occasion de parler , ce sont des anecdotes et des observations journalières sur les personnes dont la bonne compagnie se compose. C'est un commérage ennobli par les grands noms qu'on prononce, mais qui a pourtant le même fond que celui des gens du peuple ; car à l'élégance des formes près, ils parlent également tout le jour sur leurs voisins et sur leurs voisines.

L'objet vraiment libéral de la conversation , ce sont les idées et les faits d'un intérêt universel. La médisance habituelle , dont le loisir des salons et la stérilité de l'esprit font une espèce de nécessité , peut être plus ou moins modifiée par la bonté du caractère, mais il en reste toujours assez pour qu'à chaque pas , à chaque mot on entende autour de soi le bourdonnement des petits propos qui pourroient, comme les mouches, inquiéter même le lion. En France on se sert de la terrible arme du ridicule pour se combattre mutuellement et conquérir le terrain sur lequel on opère des succès d'amour-propre ; ailleurs un

certain bavardage indolent use l'esprit et décourage des efforts énergiques dans quelque genre que ce puisse être.

Un entretien aimable, alors même qu'il porte sur des riens, et que la grâce seule des expressions en fait le charme, cause encore beaucoup de plaisir ; on peut l'affirmer sans impertinence, les Français sont presque seuls capables de ce genre d'entretien. C'est un exercice dangereux, mais piquant, dans lequel il faut se jouer de tous les sujets comme d'une balle lancée qui doit revenir à temps dans la main du joueur.

Les étrangers, quand ils veulent imiter les Français, affectent plus d'immoralité, et sont plus frivoles qu'eux, de peur que le sérieux ne manque de grâce, et que les sentiments ou les pensées n'aient pas l'accent parisien.

Les Autrichiens en général ont tout à la fois trop de roideur et de sincérité pour rechercher les manières d'être étrangères. Cependant ils ne sont pas encore assez Allemands, ils ne connoissent pas assez la littérature allemande ; on croit trop à Vienne qu'il est de bon goût de ne parler que français ; tandis que la gloire et même l'agrément de chaque pays consistent toujours dans le caractère et l'esprit national.

Les Français ont fait peur à l'Europe, mais surtout à l'Allemagne, par leur habileté dans l'art de saisir et de montrer le ridicule : il y avoit je ne sais quelle puissance magique dans le mot d'élégance et de grâce qui irritoit singulièrement l'amour-propre. On diroit que les sentiments, les actions, la vie enfin, devoient, avant tout, être soumis à cette législation très-subtile de l'usage du monde, qui est comme un traité entre l'amour-propre des individus et celui de la société même, un traité dans lequel les vanités respectives se sont fait une constitution républicaine où l'ostracisme s'exerce contre tout ce qui est fort et prononcé. Ces formes, ces convenances légères en apparence, et despotiques dans le fond, disposent de l'existence entière ; elles ont miné par degrés l'amour, l'enthousiasme, la religion, tout, hors l'égoïsme que l'ironie ne peut atteindre, parce qu'il ne s'expose qu'au blâme et non à la moquerie.

L'esprit allemand s'accorde beaucoup moins que tout autre avec cette frivolité calculée ; il est presque nul à la superficie ; il a besoin d'approfondir pour comprendre ; il ne saisit rien au vol, et les Allemands auroient beau, ce qui certes seroit bien dommage, se désabuser des qualités et des sentiments dont ils sont doués, que la perte du fond ne les rendroit pas plus légers dans les formes, et qu'ils seroient plutôt des Allemands sans mérite que des Français aimables.

Il ne faut pas en conclure pour cela que la grâce leur soit interdite; l'imagination et la sensibilité leur en donnent, quand ils se livrent à leurs dispositions naturelles. Leur gaieté, et ils en ont, surtout en Autriche, n'a pas le moindre rapport avec la gaieté française: les farces tyroliennes, qui amusent à Vienne les grands seigneurs comme le peuple, ressemblent beaucoup plus à la bouffonnerie des Italiens qu'à la moquerie des Français. Elles consistent dans des scènes comiques fortement caractérisées, et qui représentent la nature humaine avec vérité, mais non la société avec finesse. Toutefois cette gaieté, telle qu'elle est, vaut encore mieux que l'imitation d'une grâce étrangère : on peut très - bien se passer de cette grâce, mais en ce genre la perfection seule est quelque chose. « L'ascendant des manières des « Français a préparé peut-être les étrangers à les « croire invincibles. Il n'y a qu'un moyen de ré- « sister à cet ascendant : ce sont des habitudes et

« des mœurs nationales très-décidées (1). » Dès qu'on cherche à ressembler aux Français, ils l'emportent en tout sur tous. Les Anglais, ne redoutant point le ridicule que les Français savent si bien donner, se sont avisés quelquefois de retourner la moquerie contre ses maîtres; et loin que les manières anglaises parussent disgracieuses même en France, les Français tant imités imitoient à leur tour, et l'Angleterre a été pendant long-temps aussi à la mode à Paris que Paris partout ailleurs.

Les Allemands pourroient se créer une société d'un genre très-instructif et tout-à-fait analogue à leurs goûts et à leur caractère. Vienne étant la capitale de l'Allemagne, celle où l'on trouve le plus facilement réuni tout ce qui fait l'agrément de la vie, auroit pu rendre sous ce rapport de grands services à l'esprit allemand, si les étrangers n'avoient pas dominé presque exclusivement la bonne compagnie. La plupart des Autrichiens, qui ne savoient pas se prêter à la langue et aux coutumes françaises, ne vivoient point du tout

______

(1) Supprimé par la censure.

dans le monde; il en résultoit qu'ils ne s'adoucissoient point par l'entretien des femmes, et res-
toient à la fois timides et rudes, dédaignant tout
ce qu'on appelle la grâce et craignant cependant
en secret d'en manquer. Sous prétexte des occupations militaires, ils ne cultivoient point leur
esprit et ils négligeoient souvent ces occupations
mêmes, parce qu'ils n'entendoient jamais rien qui
pût leur faire sentir le prix et le charme de la
gloire. Ils croyoient se montrer bons Allemands
en s'éloignant d'une société où les étrangers seuls
avoient l'avantage, et jamais ils ne songeoient à
s'en former une capable de développer leur esprit
et leur âme.

Les Polonais et les Russes, qui faisoient le
charme de la société de Vienne, ne parloient que
français et contribuoient à en écarter la langue
allemande. Les Polonaises ont des manières très-
séduisantes; elles mêlent l'imagination orientale
à la souplesse et à la vivacité de l'esprit français.
Néanmoins, même chez les nations esclavonnes, les
plus flexibles de toutes, l'imitation du genre français est très-souvent fatigante : les vers français des
Polonais et des Russes ressemblent, à quelques
exceptions près, aux vers latins du moyen âge.
Une langue étrangère est toujours sous beaucoup

de rapports une langue morte. Les vers français sont à la fois ce qu'il y a de plus facile et de plus difficile à faire. Lier l'un à l'autre des hémistiches si bien accoutumés à se trouver ensemble, ce n'est qu'un travail de mémoire; mais il faut avoir respiré l'air d'un pays, pensé, joui, souffert dans sa langue, pour peindre en poésie ce qu'on éprouve. Les étrangers, qui mettent avant tout leur amour-propre à parler correctement le français, n'osent pas juger nos écrivains autrement que les autorités littéraires ne les jugent, de peur de passer pour ne pas les comprendre. Ils vantent le style plus que les idées, parce que les idées appartiennent à toutes les nations, et que les Français seuls sont juges du style dans leur langue.

Si vous rencontrez un vrai Français, vous trouvez du plaisir à parler avec lui sur la littérature française; vous vous sentez chez vous, et vous vous entretenez de vos affaires ensemble; mais un étranger *francisé* ne se permet pas une opinion ni une phrase qui ne soit orthodoxe, et le plus souvent c'est une vieille orthodoxie qu'il prend pour l'opinion du jour. L'on en est encore dans plusieurs pays du nord aux anecdotes de la cour de Louis XIV. Les étrangers, imitateurs des Français, racontent les querelles de mademoiselle de

Fontanges et de madame de Montespan avec un détail qui seroit fatigant quand il s'agiroit d'un événement de la veille. Cette érudition de boudoir, cet attachement opiniâtre à quelques idées reçues, parce qu'on ne sauroit pas trop comment renouveler sa provision en ce genre, tout cela est fastidieux et même nuisible; car la véritable force d'un pays, c'est son caractère naturel; et l'imitation des étrangers, sous quelque rapport que ce soit, est un défaut de patriotisme.

Les Français hommes d'esprit, lorsqu'ils voyagent, n'aiment point à rencontrer, parmi les étrangers, l'esprit français, et recherchent surtout les hommes qui réunissent l'originalité nationale à l'originalité individuelle. Les marchandes de modes, en France, envoient aux colonies, dans l'Allemagne et dans le nord, ce qu'elles appellent vulgairement *le fonds de boutique*; et cependant elles recherchent avec le plus grand soin les habits nationaux de ces mêmes pays, et les regardent avec raison comme des modèles très-élégants. Ce qui est vrai pour la parure l'est également pour l'esprit. Nous avons une cargaison de madrigaux, de calembours, de vaudevilles, que nous faisons passer à l'étranger, quand on n'en fait plus rien en France; mais les Français eux-mêmes n'estiment dans les littératures étrangères que les beautés indigènes. Il n'y a point de nature, point de vie dans l'imitation ; et l'on pourroit appliquer, en général, à tous ces esprits, à tous ces ouvrages imités du français, l'éloge que Roland, dans l'Arioste, fait de sa jument qu'il traîne après lui : *Elle réunit*, dit-il, *toutes les qualités imaginables ; mais elle a pourtant un défaut, c'est qu'elle est morte.*

CHAPITRE X.

*De la sottise dédaigneuse et de la médiocrité
bienveillante.*

EN tout pays, la supériorité d'esprit et d'âme
est fort rare, et c'est par cela même qu'elle conserve le nom de supériorité; ainsi donc, pour juger
du caractère d'une nation, c'est la masse commune
qu'il faut examiner. Les gens de génie sont toujours compatriotes entre eux; mais pour sentir
vraiment la différence des Français et des Allemands, l'on doit s'attacher à connoître la multitude dont les deux nations se composent. Un
Français sait encore parler, lors même qu'il n'a
point d'idées; un Allemand en a toujours dans
sa tête un peu plus qu'il n'en sauroit exprimer.
On peut s'amuser avec un Français, quand même
il manque d'esprit. Il vous raconte tout ce qu'il a
fait, tout ce qu'il a vu, le bien qu'il pense de lui,
les éloges qu'il a reçus, les grands seigneurs qu'il

connoît, les succès qu'il espère. Un Allemand, s'il ne pense pas, ne peut rien dire, et s'embarrasse dans des formes qu'il voudroit rendre polies, et qui mettent mal à l'aise les autres et lui. La sottise, en France, est animée mais dédaigneuse. Elle se vante de ne pas comprendre pour peu qu'on exige d'elle quelque attention, et croit nuire à ce qu'elle n'entend pas, en affirmant que c'est obscur. L'opinion du pays étant que le succès décide de tout, les sots mêmes, en qualité de spectateurs, croient influer sur le mérite intrinsèque des choses, en ne les applaudissant pas, et se donner ainsi plus d'importance. Les hommes médiocres, en Allemagne, au contraire, sont pleins de bonne volonté ; ils rougiroient de ne pouvoir s'élever à la hauteur des pensées d'un écrivain célèbre : et loin de se considérer comme juges, ils aspirent à devenir disciples.

Il y a sur chaque sujet tant de phrases toutes faites en France, qu'un sot avec leur secours parle quelque temps assez bien et ressemble même momentanément à un homme d'esprit ; en Allemagne, un ignorant n'oseroit énoncer son avis sur rien avec confiance, car aucune opinion n'étant admise comme incontestable, on ne peut en avancer aucune sans être en état de la défendre ; aussi

les gens médiocres sont-ils pour la plupart silencieux et ne répandent-ils d'autre agrément dans
la société que celui d'une bienveillance aimable.
En Allemagne, les hommes distingués seuls savent
causer, tandis qu'en France tout le monde s'en tire.
Les hommes supérieurs en France sont indulgents,
les hommes supérieurs en Allemagne sont très-sé-
vères; mais en revanche les sots chez les Français
sont dénigrants et jaloux, et les Allemands, quelque bornés qu'ils soient, savent encore se montrer
encourageants et admirateurs. Les idées qui cir-
culent en Allemagne sur divers sujets sont nouvelles et souvent bizarres; il arrive de là que ceux
qui les répètent paroissent avoir pendant quelque
temps une sorte de profondeur usurpée. En
France, c'est par les manières qu'on fait illusion
sur ce qu'on vaut. Ces manières sont agréables,
mais uniformes, et la discipline du bon ton
achève de leur ôter ce qu'elles pourroient avoir de
varié.

Un homme d'esprit me racontoit qu'un soir,
dans un bal masqué, il passa devant une glace, et
que, ne sachant comment se distinguer lui-même
au milieu de tous ceux qui portoient un domino
pareil au sien, il se fit un signe de tête pour se
reconnoître; on en peut dire autant de la parure

que l'esprit revêt dans le monde. On se confond presque avec les autres, tant le caractère véritable de chacun se montre peu ! La sottise se trouve bien de cette confusion, et voudroit en profiter pour contester le vrai mérite. La bêtise et la sottise diffèrent essentiellement en ceci, que les bêtes se soumettent volontiers à la nature, et que les sots se flattent toujours de dominer la société.

CHAPITRE XI.

De l'esprit de conversation.

———

EN orient, quand on n'a rien à se dire, on fume du tabac de rose ensemble, et de temps en temps on se salue les bras croisés sur la poitrine pour se donner un témoignage d'amitié ; mais dans l'occident on a voulu se parler tout le jour, et le foyer de l'âme s'est souvent dissipé dans ces entretiens où l'amour-propre est sans cesse en mouvement pour faire effet tout de suite et selon le goût du moment et du cercle où l'on se trouve.

Il me semble reconnu que Paris est la ville du monde où l'esprit et le goût de la conversation sont le plus généralement répandus ; et ce qu'on appelle le mal du pays, ce regret indéfinissable de la patrie, qui est indépendant des amis même qu'on y a laissés, s'applique particulièrement à ce plaisir de causer que les Français ne retrouvent nulle part au même degré que chez eux. Volney raconte que des Français émigrés vouloient, pendant la révolution, établir une colonie et défricher des terres en Amérique ; mais de temps en temps ils quittoient toutes leurs occupations pour aller, disoient-ils, *causer à la ville ;* et cette ville, la Nouvelle-Orléans, étoit à six cents lieues de leur demeure. Dans toutes les classes, en France, on sent le besoin de causer : la parole n'y est pas seulement comme ailleurs un moyen de se communiquer ses idées, ses sentiments et ses affaires, mais c'est un instrument dont on aime à jouer et qui ranime les esprits, comme la musique chez quelques peuples, et les liqueurs fortes chez quelques autres.

Le genre de bien-être que fait éprouver une conversation animée ne consiste pas précisément dans le sujet de cette conversation ; les idées ni les connoissances qu'on peut y développer n'en sont pas le principal intérêt ; c'est une certaine manière d'agir les uns sur les autres, de se faire plaisir réciproquement et avec rapidité, de parler aussitôt qu'on pense, de jouir à l'instant de soi-même, d'être applaudi sans travail, de manifester son esprit dans toutes les nuances par l'accent, le geste, le regard, enfin de produire à volonté comme une sorte d'électricité qui fait jaillir des étincelles, soulage les uns de l'excès même de leur vivacité, et réveille les autres d'une apathie pénible.

Rien n'est plus étranger à ce talent que le caractère et le genre d'esprit des Allemands ; ils veulent un résultat sérieux en tout. Bacon a dit que *la conversation n'étoit pas un chemin qui conduisoit à la maison, mais un sentier où l'on se promenoit au hasard avec plaisir.* Les Allemands donnent à chaque chose le temps nécessaire, mais le nécessaire en fait de conversation c'est l'amusement ; si l'on dépasse cette mesure l'on tombe dans la discussion, dans l'entretien sérieux, qui est plutôt une occupation utile qu'un art agréable. Il faut l'avouer aussi, le goût et l'enivrement de l'esprit de société rendent singulièrement incapable d'application et d'étude, et les qualités des Allemands tiennent peut-être sous quelques rapports à l'absence même de cet esprit.

Les anciennes formules de politesse, qui sont encore en vigueur dans presque toute l'Allemagne, s'opposent à l'aisance et à la familiarité de la conversation ; le titre le plus mince et pourtant le plus long à prononcer y est donné et répété vingt fois dans le même repas; il faut offrir de tous les mets, de tous les vins avec un soin, avec une instance qui fatigue mortellement les étrangers. Il y a de la bonhomie au fond de tous ces usages; mais ils ne subsisteroient pas un instant dans un pays où l'on pourroit hasarder la plaisanterie sans offenser la susceptibilité : et comment néanmoins peut-il y avoir de la grâce et du charme en société, si l'on n'y permet pas cette douce moquerie qui délasse l'esprit et donne à la bienveillance elle-même une façon piquante de s'exprimer?

Le cours des idées depuis un siècle a été tout-à-fait dirigé par la conversation. On pensoit pour parler, on parloit pour être applaudi, et tout ce qui ne pouvoit pas se dire sembloit être de trop dans l'âme. C'est une disposition très-agréable que le désir de plaire; mais elle diffère pourtant beaucoup du besoin d'être aimé : le désir de plaire rend dépendant de l'opinion, le besoin d'être aimé en affranchit : on pourroit désirer de plaire à ceux même à qui l'on feroit beaucoup de mal, et c'est précisément ce qu'on appelle de la coquetterie; cette coquetterie n'appartient pas exclusivement aux femmes, il y en a dans toutes les manières qui servent à témoigner plus d'affection qu'on n'en éprouve réellement. La loyauté des Allemands ne leur permet rien de semblable ; ils prennent la grâce au pied de la lettre, ils considèrent le charme de l'expression comme un engagement pour la conduite, et de là vient leur susceptibilité ; car ils n'entendent pas un mot sans en tirer une conséquence, et ne conçoivent pas qu'on puisse traiter la parole en art libéral, qui n'a ni but ni résultat que le plaisir qu'on y trouve. L'esprit c conversation a quelquefois l'inconvénient d'altérer la sincérité du caractère ; ce n'est pas une tromperie combinée, mais improvisée, si l'on peut s'exprimer ainsi. Les Français ont mis dans ce genre une gaieté qui les rend aimables ; mais il n'en est pas moins certain que ce qu'il y a de plus sacré dans ce monde a été ébranlé par la grâce, du moins par celle qui n'attache de l'importance à rien et tourne tout en ridicule.

Les bons mots des Français ont été cités d'un bout de l'Europe à l'autre : de tout temps ils ont montré leur brillante valeur et soulagé leurs chagrins d'une façon vive et piquante : de tout temps ils ont eu besoin les uns des autres, comme d'auditeurs alternatifs qui s'encourageoient mutuellement : de tout temps ils ont excellé dans l'art de ce qu'il faut dire, et même de ce qu'il faut taire, quand un grand intérêt l'emporte sur leur vivacité naturelle : de tout temps ils ont eu le talent de vivre vite, d'abréger les longs discours, de faire place aux successeurs avides de parler à leur tour : de tout temps enfin ils ont su ne prendre du sentiment et de la pensée que ce qu'il en faut pour animer l'entretien sans lasser le frivole intérêt qu'on a d'ordinaire les uns pour les autres.

Les Français parlent toujours légèrement de leurs malheurs, dans la crainte d'ennuyer leurs amis ; ils devinent la fatigue qu'ils pourroient causer par celle dont ils seroient susceptibles : ils se hâtent de montrer élégamment de l'insouciance pour leur propre sort, afin d'en avoir l'honneur au lieu d'en recevoir l'exemple. Le désir de paroître aimable conseille de prendre une expression de gaieté, quelle que soit la disposition intérieure de l'âme ; la physionomie influe par degrés sur ce qu'on éprouve, et ce qu'on fait pour plaire aux autres émousse bientôt en soi-même ce qu'on ressent.

« Une femme d'esprit a dit que Paris *étoit le* « *lieu du monde où l'on pouvoit le mieux se*

« *passer de bonheur* (1)» : c'est sous ce rapport
qu'il convient si bien à la pauvre espèce humaine;
mais rien ne sauroit faire qu'une ville d'Allemagne
devînt Paris, ni que les Allemands pussent, sans
se gâter entièrement, recevoir comme nous le
bienfait de la distraction. A force de s'échapper
à eux - mêmes ils finiroient par ne plus se retrouver.

Le talent et l'habitude de la société servent
beaucoup à faire connoître les hommes : pour
réussir en parlant, il faut observer avec perspi-
cacité l'impression qu'on produit à chaque instant
sur eux, celle qu'ils veulent nous cacher, celle
qu'ils cherchent à nous exagérer, la satisfaction
contenue des uns, le sourire forcé des autres ; on
voit passer sur le front de ceux qui nous écoutent
des blâmes à demi formés qu'on peut éviter en
se hâtant de les dissiper avant que l'amour-propre
y soit engagé. L'on y voit naître aussi l'approbation qu'il faut fortifier, sans cependant exiger
d'elle plus qu'elle ne veut donner. Il n'est point

---

(1) Supprimé par la censure sous prétexte qu'il y avoit
tant de bonheur à Paris maintenant qu'on n'avoit pas
besoin de s'en passer.

d'arène où la vanité se montre sous des formes plus variées que dans la conversation.

J'ai connu un homme que les louanges agitoient au point que, quand on lui en donnoit, il exagéroit ce qu'il venoit de dire et s'efforçoit tellement d'ajouter à son succès, qu'il finissoit toujours par le perdre. Je n'osois pas l'applaudir, de peur de le porter à l'affectation et qu'il ne se rendît ridicule par le bon cœur de son amour-propre. Un autre craignoit tellement d'avoir l'air de désirer de faire effet qu'il laissoit tomber ses paroles négligemment et dédaigneusement. Sa feinte indolence trahissoit seulement une prétention de plus, celle de n'en point avoir. Quand la vanité se montre, elle est bienveillante ; quand elle se cache, la crainte d'être découverte la rend amère, et elle affecte l'indifférence, la satiété, enfin tout ce qui peut persuader aux autres qu'elle n'a pas besoin d'eux. Ces différentes combinaisons sont amusantes pour l'observateur, et l'on s'étonne toujours que l'amour-propre ne prenne pas la route si simple d'avouer naturellement le désir de plaire, et d'employer autant qu'il est possible la grâce et la vérité pour y parvenir.

Le tact qu'exige la société, le besoin qu'elle donne de se mettre à la portée des différents

esprits, tout ce travail de la pensée dans ses rapports avec les hommes seroit certainement utile,
à beaucoup d'égards, aux Allemands, en leur
donnant plus de mesure, de finesse et d'habileté;
mais dans ce talent de causer il y a une sorte
d'adresse qui fait perdre toujours quelque chose
à l'inflexibilité de la morale : si l'on pouvoit se
passer de tout ce qui tient à l'art de ménager les
hommes, le caractère en auroit sûrement plus de
grandeur et d'énergie.

Les Français sont les plus habiles diplomates
de l'Europe, et ces hommes qu'on accuse d'in-
discrétion et d'impertinence savent mieux que
personne cacher un secret et captiver ceux dont
ils ont besoin. Ils ne déplaisent jamais que quand
ils le veulent, c'est-à-dire quand leur vanité
croit trouver mieux son compte dans le dédain
que dans l'obligeance. L'esprit de conversation a
singulièrement développé dans les Français l'esprit plus sérieux des négociations politiques. Il
n'est point d'ambassadeur étranger qui pût lutter
contre eux en ce genre, à moins que, mettant
absolument de côté toute prétention à la finesse,
il n'allât droit en affaires comme celui qui se bat-
troit sans savoir l'escrime.

Les rapports des différentes classes entre elles

étoient aussi très-propres à développer en France la sagacité, la mesure et la convenance de l'esprit de société. Les rangs n'y étoient point marqués d'une manière positive, et les prétentions s'agitoient sans cesse dans l'espace incertain que chacun pouvoit tour à tour ou conquérir ou perdre. Les droits du tiers-état, des parlements, de la noblesse, la puissance même du roi, rien n'étoit déterminé d'une façon invariable; tout se passoit pour ainsi dire en adresse de conversation : on esquivoit les difficultés les plus graves par les nuances délicates des paroles et des manières, et l'on arrivoit rarement à se heurter ou à se céder, tant on évitoit avec soin l'un et l'autre! Les grandes familles avoient aussi entre elles des prétentions jamais déclarées et toujours sous-entendues, et ce vague excitoit beaucoup plus la vanité que des rangs marqués n'auroient pu le faire. Il falloit étudier tout ce dont se composoit l'existence d'un homme ou d'une femme, pour savoir le genre d'égards qu'on leur devoit; l'arbitraire sous toutes les formes a toujours été dans les habitudes, les mœurs et les lois de la France : de là vient que les Français ont eu, si l'on peut s'exprimer ainsi, une si grande pédanterie de frivolité; les bases principales n'étant point affermies, on vouloit don-

ner de la consistance aux moindres détails. En
Angleterre on permet l'originalité aux individus, tant la masse est bien réglée ! En France
il semble que l'esprit d'imitation est comme un
lien social, et que tout seroit en désordre si ce
lien ne suppléoit pas à l'instabilité des institutions.

En Allemagne chacun est à son rang, à sa
place, comme à son poste, et l'on n'a pas besoin
de tournures habiles, de parenthèses, de demi-
mots, pour exprimer les avantages de naissance
ou de titre que l'on se croit sur son voisin. La
bonne compagnie, en Allemagne, c'est la cour; en
France c'étoient tous ceux qui pouvoient se mettre
sur un pied d'égalité avec elle, et tous pouvoient
l'espérer, et tous aussi pouvoient craindre de n'y
jamais parvenir. Il en résultoit que chacun vouloit avoir les manières de cette société-là. En Allemagne, un diplôme vous y faisoit entrer; en
France, une faute de goût vous en faisoit sortir;
et l'on étoit encore plus empressé de ressembler
aux gens du monde que de se distinguer dans ce
monde même par sa valeur personnelle.

Une puissance aristocratique, le bon ton et
l'élégance, l'emportoient sur l'énergie, la profondeur, la sensibilité, l'esprit même. Elle disoit à
l'énergie : — Vous mettez trop d'intérêt aux per-

sonnes et aux choses : — à la profondeur : — Vous me prenez trop de temps : — à la sensibilité : — Vous êtes trop exclusive : — à l'esprit enfin : — Vous êtes une distinction trop individuelle. — Il falloit des avantages qui tinssent plus aux manières qu'aux idées, et il importoit de reconnoître dans un homme plutôt la classe dont il étoit que le mérite qu'il possédoit. Cette espèce d'égalité dans l'inégalité est très-favorable aux gens médiocres, car elle doit nécessairement détruire toute originalité dans la façon de voir et de s'exprimer. Le modèle choisi est noble, agréable et de bon goût, mais il est le même pour tous. C'est un point de réunion que ce modèle; chacun en s'y conformant se croit plus en société avec ses semblables. Un Français s'ennuieroit d'être seul de son avis comme d'être seul dans sa chambre.

On auroit tort d'accuser les Français de flatter la puissance par les calculs ordinaires qui inspirent cette flatterie; ils vont où tout le monde va, disgrâce ou crédit, n'importe : si quelques-uns se font passer pour la foule, ils sont bien sûrs qu'elle y viendra réellement. On a fait la révolution de France en 1789 en envoyant un courrier qui, d'un village à l'autre, crioit : *Armez-vous, car le village voisin s'est armé*, et tout le monde se trouva levé contre tout le monde, ou plutôt contre personne. Si l'on répandoit le bruit que telle manière de voir est universellement reçue, l'on obtiendroit l'unanimité, malgré le sentiment intime de chacun; l'on se garderoit alors, pour ainsi dire, le secret de la comédie, car chacun avoueroit séparément que tous ont tort. Dans les scrutins secrets on a vu des députés donner leur boule blanche ou noire contre leur opinion, seulement parce qu'ils croyoient la majorité dans un sens différent du leur, et qu'*ils ne vouloient pas*, disoient-ils, *perdre leur voix.*

C'est par ce besoin social de penser comme tout le monde qu'on a pu s'expliquer pendant la révolution le contraste du courage à la guerre, et de la pusillanimité dans la carrière civile. Il n'y a qu'une manière de voir sur le courage militaire; mais l'opinion publique peut être égarée relativement à la conduite qu'on doit suivre dans les affaires politiques. Le blâme de ceux qui vous entourent, la solitude, l'abandon vous menacent si vous ne suivez pas le parti dominant; tandis qu'il n'y a dans les armées que l'alternative de la mort et du succès, situation charmante pour des Français qui ne craignent point l'une et aiment passionnément l'autre. Mettez la mode, c'est-à-dire les applaudissements du côté du danger, et vous verrez les Français le braver sous toutes ses formes ; l'esprit de sociabilité existe en France depuis le premier rang jusqu'au dernier : il faut s'entendre approuver par ce qui nous environne ; on ne veut s'exposer, à aucun prix, au blâme ou au ridicule ; car dans un pays où causer a tant d'influence, le bruit des paroles couvre souvent la voix de la conscience.

On connoît l'histoire de cet homme qui commença par louer avec transport une actrice qu'il venoit d'entendre ; il aperçut un sourire sur les lèvres des assistants, il modifia son éloge : l'opiniâtre sourire ne cessa point, et la crainte de la moquerie finit par lui faire dire : *Ma foi ! la pauvre diablesse a fait ce qu'elle a pu.* Les triomphes de la plaisanterie se renouvellent sans cesse en France ; dans un temps il convient d'être religieux, dans un autre de ne l'être pas ; dans un temps d'aimer sa femme, dans l'autre de ne pas paroître avec elle. Il a existé même des moments où l'on eût craint de passer pour niais si l'on avoit montré de l'humanité, et cette terreur du ridicule, qui, dans les premières classes, ne se manifeste d'ordinaire que par la vanité, s'est traduite en férocité dans les dernières.

Quel mal cet esprit d'imitation ne feroit-il pas parmi les Allemands! Leur supériorité consiste dans l'indépendance de l'esprit, dans l'amour de la retraite, dans l'originalité individuelle. Les Français ne sont tout-puissants qu'en masse, et leurs hommes de génie eux-mêmes prennent toujours leur point d'appui dans les opinions reçues quand ils veulent s'élancer au-delà. Enfin l'impatience du caractère français, si piquante en conversation, ôteroit aux Allemands le charme principal de leur imagination naturelle, cette rêverie calme, cette vue profonde qui s'aide du temps et de la persévérance pour tout découvrir.

Ces qualités sont presque incompatibles avec la vivacité d'esprit; et cette vivacité est cependant surtout ce qui rend aimable en conversation. Lorsqu'une discussion s'appesantit, lorsqu'un conte s'alonge, il vous prend je ne sais quelle impatience semblable à celle qu'on éprouve quand un musicien ralentit trop la mesure d'un air. On peut être fatigant néanmoins à force de vivacité, comme on l'est par trop de lenteur. J'ai connu un homme de beaucoup d'esprit, mais tellement impatient, qu'il donnoit à tous ceux qui causoient avec lui l'inquiétude que doivent éprouver les gens prolixes quand ils s'aperçoivent qu'ils fatiguent.

Cet homme sautoit sur sa chaise pendant qu'on lui parloit, achevoit les phrases des autres dans la crainte qu'elles ne se prolongeassent ; il inquiétoit d'abord et finissoit par lasser en étourdissant : car quelque vite qu'on aille en fait de conversation, quand il n'y a plus moyen de retrancher que sur le nécessaire, les pensées et les sentiments oppressent faute d'espace pour les exprimer.

Toutes les manières d'abréger le temps ne l'épargnent pas, et l'on peut mettre des longueurs dans une seule phrase si l'on y laisse du vide ; le talent de rédiger sa pensée brillamment et rapidement est ce qui réussit le plus en société, on n'a pas le temps d'y rien attendre. Nulle réflexion, nulle complaisance ne peut faire qu'on s'y amuse de ce qui n'amuse pas. Il faut exercer là l'esprit de conquête et le despotisme du succès : car le fond et le but étant peu de chose, on ne peut pas se consoler du revers par la pureté des motifs, et la bonne intention n'est de rien en fait d'esprit.

Le talent de conter, l'un des grands charmes de la conversation, est très-rare en Allemagne ; les auditeurs y sont trop complaisants, ils ne s'ennuient pas assez vite, et les conteurs, se fiant à la patience des auditeurs, s'établissent trop à leur aise dans les récits. En France, celui qui parle est un usurpateur qui se sent entouré de rivaux jaloux et veut se maintenir à force de succès; en Allemagne, c'est un possesseur légitime qui peut user paisiblement de ses droits reconnus.

Les Allemands réussissent mieux dans les contes poétiques que dans les contes épigrammatiques : quand il faut parler à l'imagination, les détails peuvent plaire, ils rendent le tableau plus vrai : mais quand il s'agit de rapporter un bon mot, on ne sauroit trop abréger les préambules. La plaisanterie allége pour un moment le poids de la vie : vous aimez à voir un homme, votre semblable, se jouer ainsi du fardeau qui vous accable, et bientôt, animé par lui, vous le soulevez à votre tour; mais quand vous sentez de l'effort ou de la langueur dans ce qui devroit être un amusement, vous en êtes plus fatigué que du sérieux même, dont les résultats au moins vous intéressent.

La bonne foi du caractère allemand est aussi peut-être un obstacle à l'art de conter; les Allemands ont plutôt la gaieté du caractère que celle de l'esprit; ils sont gais comme ils sont honnêtes pour la satisfaction de leur propre conscience, et rient de ce qu'ils disent long-temps avant même d'avoir songé à en faire rire les autres.

Rien ne sauroit égaler au contraire le charme d'un récit fait par un Français spirituel et de bon goût. Il prévoit tout, il ménage tout, et cependant il ne sacrifie point ce qui pourroit exciter l'intérêt. Sa physionomie, moins prononcée que celle des Italiens, indique la gaieté, sans rien faire perdre à la dignité du maintien et des manières; il s'arrête quand il le faut, et jamais il n'épuise même l'amusement; il s'anime, et néanmoins il tient toujours en main les rênes de son esprit pour le conduire sûrement et rapidement; bientôt aussi les auditeurs se mêlent de l'entretien, il fait valoir alors à son tour ceux qui viennent de l'applaudir; il ne laisse point passer une expression heureuse sans la relever, une plaisanterie piquante sans la sentir, et pour un moment du moins l'on se plaît et l'on jouit les uns des autres comme si tout étoit concorde, union et sympathie dans le monde.

Les Allemands feroient bien de profiter, sous des rapports essentiels, de quelques-uns des avantages de l'esprit social en France : ils devroient apprendre des Français à se montrer moins irritables dans les petites circonstances, afin de réserver toute leur force pour les grandes ; ils devroient apprendre des Français à ne pas confondre l'opiniâtreté avec l'énergie, la rudesse avec la fermeté ; ils devroient aussi, lorsqu'ils sont capables du dévouement entier de leur vie, ne pas la rattraper en détail par une sorte de personnalité minutieuse que ne se permettroit pas le véritable égoïsme ; enfin ils devroient puiser dans l'art même de la conversation l'habitude de répandre dans leurs livres cette clarté qui les mettroit à la portée du plus grand nombre, ce talent d'abréger, inventé par les peuples qui s'amusent, bien plutôt que par ceux qui s'occupent, et ce respect pour de certaines convenances qui ne porte pas à sacrifier la nature, mais à ménager l'imagination. Ils perfectionneroient leur manière d'écrire par quelques-unes des observations que le talent de parler fait naître : mais ils auroient tort de prétendre à ce talent tel que les Français le possèdent.

Une grande ville qui serviroit de point de ralliement seroit utile à l'Allemagne pour rassembler les moyens d'étude, augmenter les ressources des arts, exciter l'émulation ; mais si cette capitale développoit chez les Allemands le goût des plaisirs de la société dans toute leur élégance, ils y perdroient la bonne foi scrupuleuse, le travail solitaire, l'indépendance audacieuse qui les distingue dans la carrière littéraire et philosophique; enfin ils changeroient leurs habitudes de recueillement contre un mouvement extérieur dont ils n'acquerroient jamais la grâce et la dextérité.

CHAPITRE XII.

De la langue allemande dans ses rapports avec
l'esprit de conversation.

———

En étudiant l'esprit et le caractère d'une langue,
on apprend l'histoire philosophique des opinions,
des mœurs et des habitudes nationales, et les
modifications que subit le langage doivent jeter
de grandes lumières sur la marche de la pensée;
mais une telle analyse seroit nécessairement très-
métaphysique, et demanderoit une foule de connoissances qui nous manquent presque toujours
dans les langues étrangères, et souvent même
dans la nôtre. Il faut donc s'en tenir à l'impression
générale que produit l'idiome d'une nation dans
son état actuel. Le francais, ayant été parlé plus
qu'aucun autre dialecte européen, est à la fois
poli par l'usage et acéré pour le but. Aucune
langue n'est plus claire et plus rapide, n'indique

plus légèrement et n'explique plus nettement ce qu'on veut dire. L'allemand se prête beaucoup moins à la précision et à la rapidité de la conversation. Par la nature même de sa construction grammaticale, le sens n'est ordinairement compris qu'à la fin de la phrase. Ainsi le plaisir d'interrompre, qui rend la discussion si animée en France, et force à dire si vite ce qu'il importe de faire entendre, ce plaisir ne peut exister en Allemagne, car les commencements de phrases ne signifient rien sans la fin, il faut laisser à chacun tout l'espace qu'il lui convient de prendre; cela vaut mieux pour le fond des choses, c'est aussi plus civil, mais moins piquant.

La politesse allemande est plus cordiale, mais moins nuancée que la politesse française; il y a plus d'égards pour le rang et de précautions en tout. En France, on flatte plus qu'on ne ménage, et, comme on a l'art de tout indiquer, on approche beaucoup plus volontiers des sujets les plus délicats. L'allemand est une langue très-brillante en poésie, très-abondante en métaphysique, mais très-positive en conversation. La langue française, au contraire, n'est vraiment riche que dans les tournures qui expriment les rapports les plus déliés de la société. Elle est pauvre et circonscrite dans tout ce qui tient à l'imagination et à la philosophie. Les Allemands craignent plus de faire de la peine qu'ils n'ont envie de plaire. De là vient qu'ils ont soumis autant qu'ils ont pu la politesse à des règles, et leur langue, si hardie dans les livres, est singulièrement asservie en conversation par toutes les formules dont elle est surchargée.

Je me rappelle d'avoir assisté, en Saxe, à une leçon de métaphysique d'un philosophe célèbre qui citoit toujours le baron de Leibnitz, et jamais l'entraînement du discours ne pouvoit l'engager à supprimer ce titre de baron, qui n'alloit guère avec le nom d'un grand homme mort depuis près d'un siècle.

L'allemand convient mieux à la poésie qu'à la prose, et à la prose écrite qu'à la prose parlée ; c'est un instrument qui sert très-bien quand on veut tout peindre ou tout dire : mais on ne peut pas glisser avec l'allemand comme avec le français sur les divers sujets qui se présentent. Si l'on vouloit faire aller les mots allemands du train de la conversation française, on leur ôteroit toute grâce et toute dignité. Le mérite des Allemands, c'est de bien remplir le temps ; le talent des Français, c'est de le faire oublier.

Quoique le sens des périodes allemandes ne s'explique souvent qu'à la fin, la construction ne permet pas toujours de terminer une phrase par l'expression la plus piquante; et c'est cependant un des grands moyens de faire effet en conversation. L'on entend rarement parmi les Allemands ce qu'on appelle des bons mots : ce sont les pensées mêmes et non l'éclat qu'on leur donne qu'il faut admirer.

Les Allemands trouvent une sorte de charlatanisme dans l'expression brillante, et prennent plutôt l'expression abstraite, parce qu'elle est plus scrupuleuse et s'approche davantage de l'essence même du vrai; mais la conversation ne doit donner aucune peine ni pour comprendre ni pour parler. Dès que l'entretien ne porte pas sur les intérêts communs de la vie, et qu'on entre dans la sphère des idées, la conversation en Allemagne devient trop métaphysique; il n'y a pas assez d'intermédiaire entre ce qui est vulgaire et ce qui est sublime; et c'est cependant dans cet intermédiaire que s'exerce l'art de causer.

La langue allemande a une gaieté qui lui est propre, la société ne l'a point rendue timide, et les bonnes mœurs l'ont laissée pure; mais c'est une gaieté nationale à la portée de toutes les classes. Les sons bizarres des mots, leur antique naïveté, donnent à la plaisanterie quelque chose de pittoresque dont le peuple peut s'amuser aussi-bien que les gens du monde. Les Allemands sont moins gênés que nous dans le choix des expressions, parce que leur langue n'ayant pas été aussi fréquemment employée dans la conversation du grand monde, elle ne se compose pas comme la nôtre de mots qu'un hasard, une application, une allusion rendent ridicules, de mots enfin qui, ayant subi toutes les aventures de la société, sont proscrits injustement peut-être, mais ne sauroient plus être admis. La colère s'est souvent exprimée en allemand, mais on n'en a pas fait l'arme du persiflage, et les paroles dont on se sert sont encore dans toute leur vérité et dans toute leur force ; c'est une facilité de plus : mais aussi l'on peut exprimer avec le français mille observations fines, et se permettre mille tours d'adresse dont la langue allemande est jusqu'à présent incapable.

Il faut se mesurer avec les idées en allemand, avec les personnes en français ; il faut creuser à l'aide de l'allemand, il faut arriver au but en parlant français ; l'un doit peindre la nature, et l'autre la société. Goethe fait dire dans son roman de *Wil-*

helm Meister, à une femme allemande, qu'elle s'aperçut que son amant vouloit la quitter parce qu'il lui écrivoit en français. Il y a bien des phrases en effet dans notre langue pour dire en même temps et ne pas dire, pour faire espérer sans promettre, pour promettre même sans se lier. L'allemand est moins flexible, et il fait bien de rester tel; car rien n'inspire plus de dégoût que cette langue tudesque quand elle est employée aux mensonges, de quelque nature qu'ils soient. Sa construction traînante, ses consonnes multipliées, sa grammaire savante ne lui permettent aucune grâce dans la souplesse; et l'on diroit qu'elle se roidit d'elle-même contre l'intention de celui qui la parle, dès qu'on veut la faire servir à trahir la vérité.

CHAPITRE XIII.

De l'Allemagne du nord.

Les premières impressions qu'on reçoit en arrivant dans le nord l'Allemagne, surtout au milieu de l'hiver, sont extrêmement tristes; et je ne suis pas étonnée que ces impressions aient empêché la plupart des Français que l'exil a conduits dans ce pays de l'observer sans prévention. Cette frontière du Rhin est solennelle; on craint, en la passant, de s'entendre prononcer ce mot terrible: *Vous êtes hors de France.* C'est en vain que l'esprit juge avec impartialité le pays qui nous a vus naître, nos affections ne s'en détachent jamais; et quand on est contraint à le quitter, l'existence semble déracinée, on se devient comme étranger à soi-même. Les plus simples usages, comme les relations les plus intimes; les intérêts les plus graves, comme les moindres plaisirs, tout étoit de la patrie ; tout n'en est plus. On ne rencontre personne qui puisse vous parler d'autrefois, personne qui vous atteste l'identité des jours passés avec les jours actuels ; la destinée recommence, sans que la confiance des premières années se renouvelle ; l'on change de monde, sans avoir changé de cœur. Ainsi l'exil condamne à se survivre ; les adieux , les séparations, tout est comme à l'instant de la mort , et l'on y assiste cependant avec les forces entières de la vie.

J'étois, il y a six ans, sur les bords du Rhin, attendant la barque qui devoit me conduire à l'autre rive ; le temps étoit froid , le ciel obscur, et tout me sembloit un présage funeste. Quand la douleur agite violemment notre âme, on ne peut se persuader que la nature y soit indifférente; il est permis à l'homme d'attribuer quelque puissance à ses peines ; ce n'est pas de l'orgueil, c'est de la confiance dans la céleste pitié. Je m'inquiétois pour mes enfants, quoiqu'ils ne fussent pas encore dans l'âge de sentir ces émotions de l'âme qui répandent l'effroi sur tous les objets extérieurs. Mes domestiques français s'impatientoient de la lenteur allemande, et s'étonnoient de n'être pas compris quand ils parloient la seule langue qu'ils crussent admise dans les pays civilisés. Il y avoit dans notre bac une vieille femme allemande, assise sur une charrette ; elle ne vouloit pas même en descendre pour traverser le fleuve. — Vous êtes bien tranquille ! lui dis-je. — Oui, me répondit-elle, pourquoi faire du bruit ? — Ces simples mots me frappèrent ; en effet, *pourquoi faire du bruit ?* Mais quand des générations entières traverseroient la vie en silence, le malheur et la mort ne les observeroient pas moins, et sauroient de même les atteindre.

En arrivant sur le rivage opposé, j'entendis le cor des postillons dont les sons aigus et faux sembloient annoncer un triste départ vers un triste séjour. La terre étoit couverte de neige ; les maisons, percées de petites fenêtres d'où sortoient les têtes de quelques habitants que le bruit d'une voiture arrachoit à leurs monotones occupations ; une espèce de bascule, qui fait mouvoir la poutre avec laquelle on ferme la barrière, dispense celui qui demande le péage aux voyageurs de sortir de sa maison pour recevoir l'argent qu'on doit lui payer. Tout est calculé pour être immobile , et l'homme qui pense, comme celui dont l'existence n'est que matérielle, dédaignent tous les deux également la distraction du dehors.

Les campagnes désertes, les maisons noircies

par la fumée, les églises gothiques semblent préparées pour les contes de sorcières ou de revenants. Les villes de commerce, en Allemagne, sont grandes et bien bâties ; mais elles ne donnent aucune idée de ce qui fait la gloire et l'intérêt de ce pays, l'esprit littéraire et philosophique. Les intérêts mercantiles suffisent pour développer l'intelligence des Français, et l'on peut trouver encore quelque amusement de société, en France, dans une ville purement commerçante ; mais les Allemands, éminemment capables des études abstraites, traitent les affaires, quand ils s'en occupent, avec tant de méthode et de pesanteur, qu'ils n'en tirent presque jamais aucune idée générale. Ils portent dans le commerce la loyauté qui les distingue ; mais ils se donnent tellement tout entiers à ce qu'ils font, qu'ils ne cherchent plus alors dans la société qu'un loisir jovial, et disent de temps en temps quelques grosses plaisanteries, seulement pour se divertir eux-mêmes. De telles plaisanteries accablent les Français de tristesse ; car on se résigne bien plutôt à l'ennui sous des formes graves et monotones, qu'à cet ennui badin qui vient poser lourdement et familièrement *la patte* sur l'épaule.

Les Allemands ont beaucoup d'universalité

dans l'esprit en littérature et en philosophie, mais nullement dans les affaires. Ils les considèrent toujours partiellement, et s'en occupent d'une façon presque mécanique. C'est le contraire en France : l'esprit des affaires y a beaucoup d'étendue, et l'on n'y permet pas l'universalité en littérature ni en philosophie. Si un savant étoit poëte, si un poëte étoit savant, il deviendroit suspect chez nous aux savants et aux poëtes ; mais il n'est pas rare de rencontrer dans le plus simple négociant des aperçus lumineux sur les intérêts politiques et militaires de son pays. De là vient qu'en France il y a un plus grand nombre de gens d'esprit, et un moins grand nombre de penseurs. En France, on étudie les hommes ; en Allemagne, les livres. Des facultés ordinaires suffisent pour intéresser en parlant des hommes ; il faut presque du génie pour faire retrouver l'âme et le mouvement dans les livres. L'Allemagne ne peut attacher que ceux qui s'occupent des faits passés et des idées abstraites. Le présent et le réel appartiennent à la France ; et, jusqu'à nouvel ordre, elle ne paroît pas disposée à y renoncer.

Je ne cherche pas, ce me semble, à dissimuler les inconvénients de l'Allemagne. Ces petites villes du nord elles-mêmes, où l'on trouve des hommes d'une si haute conception, n'offrent souvent aucun genre d'amusement; point de spectacle, peu de société; le temps y tombe goutte à goutte, et n'interrompt par aucun bruit la réflexion solitaire. Les plus petites villes d'Angleterre tiennent à un état libre, envoient des députés pour traiter les intérêts de la nation. Les plus petites villes de France sont en relation avec la capitale où tant de merveilles sont réunies. Les plus petites villes d'Italie jouissent du ciel et des beaux-arts dont les rayons se répandent sur toute la contrée. Dans le nord de l'Allemagne il n'y a point de gouvernement représentatif, point de grande capitale; et la sévérité du climat, la médiocrité de la fortune, le sérieux du caractère, rendroient l'existence très-pesante, si la force de la pensée ne s'étoit pas affranchie de toutes ces circonstances insipides et bornées. Les Allemands ont su se créer une république des lettres animée et indépendante. Ils ont suppléé à l'intérêt des événements par l'intérêt des idées. Ils se passent de centre, parce que tous tendent vers un même but, et leur imagination multiplie le petit nombre de beautés que les arts et la nature peuvent leur offrir.

Les citoyens de cette république idéale, dégagés pour la plupart de toute espèce de rapports

avec les affaires publiques et particulières, travaillent dans l'obscurité comme les mineurs, et
placés comme eux au milieu des trésors ensevelis,
ils exploitent en silence les richesses intellectuelles
du genre humain.

CHAPITRE XIV.

La Saxe.

Depuis la réformation, les princes de la maison de Saxe ont toujours accordé aux lettres la plus noble des protections, l'indépendance. On peut dire hardiment que dans aucun pays de la terre il n'existe autant d'instruction qu'en Saxe et dans le nord de l'Allemagne. C'est là qu'est né le protestantisme, et l'esprit d'examen s'y est soutenu depuis ce temps avec vigueur.

Pendant le dernier siècle, les électeurs de Saxe ont été catholiques; et, quoiqu'ils soient restés fidèles au serment qui les obligeoit à respecter le culte de leurs sujets, cette différence de religion entre le peuple et ses maîtres a donné moins d'unité politique à l'Etat. Les électeurs rois de Pologne ont aimé les arts plus que la littérature, qu'ils ne génoient pas, mais qui leur étoit étrangère. La musique est cultivée généralement en Saxe, la galerie de Dresde rassemble des chefs-d'œuvre qui doivent animer les artistes. La nature, aux environs de la capitale, est très-pittoresque, mais la société n'y offre pas de vifs plaisirs ; l'élégance d'une cour n'y prend point, l'étiquette seule peut aisément s'y établir.

On peut juger, par la quantité d'ouvrages qui se vendent à Leipsick, combien les livres allemands ont de lecteurs ; les ouvriers de toutes les classes, les tailleurs de pierre même, se reposent de leurs travaux un livre à la main. On ne sauroit s'imaginer en France à quel point les lumières sont répandues en Allemagne. J'ai vu des aubergistes, des commis de barrières qui connoissoient la littérature française. On trouve jusque dans les villages des professeurs de grec et de latin. Il n'y a pas de petite ville qui ne renferme une assez bonne bibliothèque, et presque partout on peut citer quelques hommes recommandables par leurs talents et par leurs connoissances. Si l'on se mettoit à comparer, sous ce rapport, les provinces de France avec l'Allemagne, on croiroit que les deux pays sont à trois siècles de distance l'un de l'autre. Paris, réunissant dans son sein l'élite de l'Empire, ôte tout intérêt à tout le reste.

Picard et Kotzebue ont composé deux pièces très-jolies, intitulées toutes deux *la petite Ville*. Picard représente les habitants de la province cherchant sans cesse à imiter Paris, et Kotzebue les bourgeois d'une petite ville, enchantés et fiers du lieu qu'ils habitent, et qu'ils croient incomparable. La différence des ridicules donne toujours l'idée de la différence des mœurs. En Allemagne chaque séjour est un empire pour celui qui y réside; son imagination, ses études, ou seulement sa bonhomie l'agrandissent à ses yeux, chacun sait y tirer de soi-même le meilleur parti possible. L'importance qu'on met à tout prête à la plaisanterie; mais cette importance même donne du prix aux petites ressources. En France on ne s'intéresse qu'à Paris, et l'on a raison, car c'est toute la France; et qui n'auroit vécu qu'en province n'auroit point la moindre idée de ce qui caractérise cet illustre pays.

Les hommes distingués de l'Allemagne, n'étant point rassemblés dans une même ville, ne se voient presque pas, et ne communiquent entre eux que par leurs écrits; chacun se fait sa route à soi-même, et découvre sans cesse des contrées nouvelles dans la vaste région de l'antiquité, de la métaphysique et de la science. Ce qu'on appelle étudier en Allemagne est vraiment une chose admirable : quinze heures par jour de solitude et de travail, pendant des années entières, paroissent une manière d'exister toute naturelle; l'ennui même de la société fait aimer la vie retirée.

La liberté de la presse la plus illimitée existoit en Saxe; mais elle n'avoit aucun danger pour le gouvernement, parce que l'esprit des hommes de lettres ne se tournoit pas vers l'examen des institutions politiques : la solitude porte à se livrer aux spéculations abstraites ou à la poésie; il faut vivre dans le foyer des passions humaines pour sentir le besoin de s'en servir et de les diriger. Les écrivains allemands ne s'occupoient que de théories, d'érudition, de recherches littéraires et philosophiques; et les puissants de ce monde n'ont rien à craindre de tout cela. D'ailleurs, quoique le gouvernement de la Saxe ne fût pas libre de droit, c'est-à-dire représentatif, il l'étoit de fait par les habitudes du pays et la modération des princes.

La bonne foi des habitants étoit telle, qu'à Leipsick un propriétaire ayant mis sur un pommier qu'il avoit planté au bord de la promenade publique un écriteau pour demander qu'on ne lui en prît pas les fruits, on ne lui en vola pas un seul pendant dix ans. J'ai vu ce pommier avec un sentiment de respect ; il eût été l'arbre des Hespérides, qu'on n'eût pas plus touché à son or qu'à ses fleurs.

La Saxe étoit d'une tranquillité profonde ; on y faisoit quelquefois du bruit pour quelques idées, mais sans songer à leur application. On eût dit que penser et agir ne devoient avoir aucun rapport ensemble, et que la vérité ressembloit, chez les Allemands, à la statue de Mercure nommé Hermès, qui n'a ni mains pour saisir, ni pieds pour avancer. Il n'est rien pourtant de si respectable que ces conquêtes paisibles de la réflexion, qui occupoient sans cesse des hommes isolés, sans fortune, sans pouvoir, et liés entre eux seulement par le culte de la pensée.

En France on ne s'est presque jamais occupé des vérités abstraites que dans leur rapport avec la pratique. Perfectionner l'administration, encourager la population par une sage économie politique, tel étoit l'objet des travaux des philosophes, principalement dans le dernier siècle. Cette manière d'employer son temps est aussi fort respectable ; mais, dans l'échelle des pensées, la dignité de l'espèce humaine importe plus que son bonheur, et surtout que son accroissement : multiplier les naissances sans ennoblir la destinée, c'est préparer seulement une fête plus somptueuse à la mort.

Les villes littéraires de Saxe sont celles où l'on voit régner le plus de bienveillance et de simplicité. On a considéré partout ailleurs les lettres comme un apanage du luxe ; en Allemagne elles semblent l'exclure. Les goûts qu'elles inspirent donnent une sorte de candeur et de timidité qui fait aimer la vie domestique : ce n'est pas que la vanité d'auteur n'ait un caractère très-prononcé chez les Allemands, mais elle ne s'attache point aux succès de société. Le plus petit écrivain en veut à la postérité ; et, se déployant à son aise dans l'espace des méditations sans bornes, il est moins froissé par les hommes, et s'aigrit moins contre eux. Toutefois les hommes de lettres et les hommes d'affaires sont trop séparés en Saxe, pour qu'il s'y manifeste un véritable esprit public. Il résulte de cette séparation que les uns ont une trop grande ignorance des choses pour exercer aucun ascendant sur le pays, et que les autres se font gloire d'un certain machiavélisme docile qui sourit aux sentiments généreux, comme à l'enfance, et semble leur indiquer qu'ils ne sont pas de ce monde.

CHAPITRE XV.

Weimar.

De toutes les principautés de l'Allemagne, il n'en est point qui fasse mieux sentir que Weimar les avantages d'un petit pays quand son chef est un homme de beaucoup d'esprit, et qu'au milieu de ses sujets il peut chercher à plaire sans cesser d'être obéi. C'est une société particulière qu'un tel État, et l'on y tient tous les uns aux autres par des rapports intimes. La duchesse Louise de Saxe-Weimar est le véritable modèle d'une femme destinée par la nature au rang le plus illustre : sans prétention, comme sans foiblesse, elle inspire au même degré la confiance et le respect ; et l'héroïsme des temps chevaleresques est entré dans son âme, sans lui rien ôter de la douceur de son sexe. Les talents militaires du duc sont universellement estimés, et sa conserſation piquante et réfléchie rappelle sans cesse qu'il a été formé par le grand Frédéric; c'est son esprit et celui de sa mère qui ont attiré les hommes de lettres les plus distingués à Weimar. L'Allemagne, pour la première fois, eut une capitale littéraire; mais comme cette capitale étoit en même temps une très-petite ville, elle n'avoit d'ascendant que par ses lumières; car la mode, qui amène toujours l'uniformité dans tout, ne pouvoit partir d'un cercle aussi étroit.

Herder venoit de mourir quand je suis arrivée à Weimar; mais Wieland, Goethe et Schiller y étoient encore. Je peindrai chacun de ces hommes séparément dans la section suivante; je les peindrai surtout par leurs ouvrages, car leurs livres ressemblent parfaitement à leur caractère et à leur entretien. Cet accord très-rare est une preuve de sincérité : quand on a pour premier but en écrivant de faire effet sur les autres, on ne se montre jamais à eux tel qu'on est réellement; mais quand on écrit pour satisfaire à l'inspiration intérieure dont l'âme est saisie, on fait connoître par ses écrits, même sans le vouloir, jusqu'aux moindres nuances de sa manière d'être et de penser.

Le séjour des petites villes m'a toujours paru

très-ennuyeux. L'esprit des hommes s'y rétrécit, le cœur des femmes s'y glace ; on y vit tellement en présence les uns des autres, qu'on est oppressé par ses semblables ; ce n'est plus cette opinion à distance qui vous anime et retentit de loin comme le bruit de la gloire ; c'est un examen minutieux de toutes les actions de votre vie, une observation de chaque détail, qui rend incapable de comprendre l'ensemble de votre caractère ; et plus on a d'indépendance et d'élévation, moins on peut respirer à travers tous ces petits barreaux. Cette pénible gêne n'existoit point à Weimar, ce n'étoit point une petite ville, mais un grand château ; un cercle choisi s'entretenoit avec intérêt de chaque production nouvelle des arts. Des femmes, disciples aimables de quelques hommes supérieurs, s'occupoient sans cesse des ouvrages littéraires, comme des événements publics les plus importants. On appeloit l'univers à soi par la lecture et l'étude ; on échappoit par l'étendue de la pensée aux bornes des circonstances ; en réfléchissant souvent ensemble sur les grandes questions que fait naître la destinée commune à tous, on oublioit les anecdotes particulières de chacun. On ne rencontroit aucun de ces merveilleux de province, qui prennent si facilement le dédain pour de la grâce, et l'affectation pour de l'élégance.

Dans la même principauté, à côté de la première réunion littéraire de l'Allemagne, se trouvoit Iena, l'un des foyers de science les plus remarquables. Un espace bien resserré rassembloit ainsi d'étonnantes lumières en tout genre.

L'imagination, constamment excitée à Weimar par l'entretien des poëtes, éprouvoit moins le besoin des distractions extérieures ; ces distractions soulagent du fardeau de l'existence, mais elles en dissipent souvent les forces. On menoit dans cette campagne, appelée ville, une vie régulière, occupée et sérieuse ; on pouvoit s'en fatiguer quelquefois, mais on n'y dégradoit pas son esprit par des intérêts futiles et vulgaires ; et si l'on manquoit de plaisirs, on ne sentoit pas du moins déchoir ses facultés.

Le seul luxe du prince, c'est un jardin ravissant, et on lui sait gré de cette jouissance populaire qu'il partage avec tous les habitants de la ville. Le théâtre, dont je parlerai dans la seconde partie de cet ouvrage, est dirigé par le plus grand poëte de l'Allemagne, Goethe ; et ce spectacle intéresse assez tout le monde pour préserver de ces assemblées qui mettent en évidence les ennuis cachés. On appeloit Weimar l'Athènes de l'Allemagne, et c'étoit en effet le seul lieu dans lequel l'intérêt des beaux-arts fût pour ainsi dire national, et servît de lien fraternel entre les rangs divers. Une cour libérale recherchoit habituellement la société des hommes de lettres ; et la littérature gagnoit singulièrement à l'influence du bon goût qui régnoit dans cette cour. L'on pouvoit juger, par ce petit cercle, du bon effet que produiroit en Allemagne un tel mélange, s'il étoit généralement adopté.

CHAPITRE XVI.

La Prusse.

Il faut étudier le caractère de Frédéric II quand on veut connoître la Prusse. Un homme a créé cet empire que la nature n'avoit point favorisé, et qui n'est devenu une puissance que parce qu'un guerrier en a été le maître. Il y a deux hommes très-distincts dans Frédéric II : un Allemand par la nature, et un Français par l'éducation. Tout ce que l'Allemand a fait dans un royaume allemand y a laissé des traces durables ; tout ce que le Français a tenté n'a point germé d'une manière féconde.

Frédéric II étoit formé par la philosophie française du dix-huitième siècle : cette philosophie fait du mal aux nations, lorsqu'elle tarit en elles la source de l'enthousiasme ; mais quand il existe telle chose qu'un monarque absolu, il est à sou-

haiter que des principes libéraux tempèrent en
lui l'action du despotisme. Frédéric introduisit la
liberté de penser dans le nord de l'Allemagne ; la
réformation y avoit amené l'examen, mais non
pas la tolérance ; et, par un contraste singulier, on
ne permettoit d'examiner qu'en prescrivant impé-
rieusement d'avance le résultat de cet examen.
Frédéric mit en honneur la liberté de parler et
d'écrire, soit par ces plaisanteries piquantes et spirituelles qui ont tant de pouvoir sur les hommes
quand elles viennent d'un roi , soit par son
exemple , plus puissant encore ; car il ne punit
jamais ceux qui disoient ou imprimoient du
mal de lui , et il montra dans presque toutes
ses actions la philosophie dont il professoit les
principes.

Il établit dans l'administration un ordre et
une économie qui a fait la force intérieure de
la Prusse, malgré tous ses désavantages naturels.
Il n'est point de roi qui se soit montré aussi
simple que lui dans sa vie privée, et même dans
sa cour : il se croyoit chargé de ménager autant
qu'il étoit possible l'argent de ses sujets. Il avoit
en toutes choses un sentiment de justice que les
malheurs de sa jeunesse et la dureté de son père
avoient gravé dans son cœur. Ce sentiment est

peut-être le plus rare de tous dans les conquérants, car ils aiment mieux être généreux que justes ; parce que la justice suppose un rapport quelconque d'égalité avec les autres.

Frédéric avoit rendu les tribunaux si indépendants, que, pendant sa vie, et sous le règne de ses successeurs, on les a vus souvent décider en faveur des sujets contre le roi dans des procès qui tenoient à des intérêts politiques. Il est vrai qu'il seroit presque impossible, en Allemagne, d'introduire l'injustice dans les tribunaux. Les Allemands sont assez disposés à se faire des systèmes pour abandonner la politique à l'arbitraire ; mais quand il s'agit de jurisprudence ou d'administration, on ne peut faire entrer dans leur tête d'autres principes que ceux de la justice. Leur esprit de méthode, même sans parler de la droiture de leur cœur, réclame l'équité comme mettant de l'ordre dans tout. Néanmoins, il faut louer Frédéric de sa probité dans le gouvernement intérieur de son pays : c'est un de ses premiers titres à l'admiration de la postérité.

Frédéric n'étoit point sensible, mais il avoit de la bonté ; or les qualités universelles sont celles qui conviennent le mieux aux souverains. Néanmoins cette bonté de Frédéric étoit inquiétante comme celle du lion, et l'on sentoit la griffe du pouvoir même au milieu de la grâce et de la coquetterie de l'esprit le plus aimable. Les hommes d'un caractère indépendant ont eu de la peine à se soumettre à la liberté que ce maître croyoit donner, à la familiarité qu'il croyoit permettre; et, tout en l'admirant, ils sentoient qu'ils respiroient mieux loin de lui.

Le grand malheur de Frédéric fut de n'avoir point assez de respect pour la religion ni pour les mœurs. Ses goûts étoient cyniques. Bien que l'amour de la gloire ait donné de l'élévation à ses pensées, sa manière licencieuse de s'exprimer sur les objets les plus sacrés étoit cause que ses vertus mêmes n'inspiroient pas de confiance : on en jouissoit, on les approuvoit, mais on les croyoit un calcul. Tout sembloit devoir être de la politique dans Frédéric; ainsi donc, ce qu'il faisoit de bien rendoit l'état du pays meilleur, mais ne perfectionnoit pas la moralité de la nation. Il affichoit l'incrédulité et se moquoit de la vertu des femmes : et rien ne s'accordoit moins avec le caractère allemand que cette manière de penser. Frédéric, en affranchissant ses sujets de ce qu'il appeloit les préjugés, éteignoit en eux le patriotisme: car, pour s'attacher aux pays naturellement sombres et stériles, il faut qu'il y règne des opinions, et des principes d'une grande sévérité. Dans ces contrées sablonneuses où la terre ne produit que des sapins et des bruyères, la force de l'homme consiste dans son âme; et si vous lui ôtez ce qui fait la vie de cette âme, les sentiments religieux, il n'aura plus que du dégoût pour sa triste patrie.

Le penchant de Frédéric pour la guerre peut être excusé par de grands motifs politiques. Son royaume, tel qu'il le reçut de son père, ne pouvoit subsister; et c'est presque pour le conserver qu'il l'agrandit. Il avoit deux millions et demi de sujets en arrivant au trône, il en laissa six à sa mort. Le besoin qu'il avoit de l'armée l'empêcha d'encourager dans la nation un esprit public dont l'énergie et l'unité fussent imposantes. Le gouvernement de Frédéric étoit fondé sur la force militaire et la justice civile : il les concilioit l'une et l'autre par sa sagesse; mais il étoit difficile de mêler ensemble deux esprits d'une nature si opposée. Frédéric vouloit que ses soldats fussent des machines militaires, aveuglément soumises, et que ses sujets fussent des citoyens éclairés capables de patriotisme. Il n'établit point dans les villes de Prusse des autorités secondaires, des municipalités telles qu'il en existoit dans le reste de l'Allemagne, de peur que l'action immédiate du service militaire ne pût être arrêtée par elles ; et cependant il souhaitoit qu'il y eût assez d'esprit de liberté dans son empire pour que l'obéissance y parût volontaire. Il vouloit que l'état militaire fût le premier de tous, puisque c'étoit celui qui lui étoit le plus nécessaire ; mais il auroit désiré que l'état civil se maintînt indépendant à côté de la force. Frédéric enfin vouloit rencontrer partout des appuis, mais nulle part des obstacles.

L'amalgame merveilleux de toutes les classes de la société ne s'obtient guère que par l'empire de la loi, la même pour tous. Un homme peut faire marcher ensemble des éléments opposés, mais « à sa mort ils se séparent (1). » L'ascendant de Frédéric, entretenu par la sagesse de ses successeurs, s'est manifesté quelque temps encore ; cependant on sentoit toujours en Prusse les deux nations qui en composoient mal une seule : l'armée, et l'état civil. Les préjugés nobiliaires subsistoient à côté des principes libéraux les plus prononcés. Enfin l'image de la Prusse offroit un

----

(1) Supprimé par la censure.

double aspect, comme celle de Janus; l'un militaire, et l'autre philosophe.

Un des plus grands torts de Frédéric fut de se prêter au partage de la Pologne. La Silésie avoit été acquise par les armes, la Pologne fut une conquête machiavélique, « et l'on ne pouvoit ja- « mais espérer que des sujets ainsi dérobés fus- « sent fidèles à l'escamoteur qui se disoit leur « souverain (1). » D'ailleurs les Allemands et les Esclavons ne sauroient s'unir entre eux par des liens indissolubles; et quand une nation admet dans son sein pour sujets des étrangers ennemis, elle se fait presque autant de mal que quand elle les reçoit pour maîtres; car il n'y a plus dans le corps politique cet ensemble qui personnifie l'Etat et constitue le patriotisme.

Ces observations sur la Prusse portent toutes sur les moyens qu'elle avoit de se maintenir et de se défendre; car rien dans le gouvernement intérieur n'y nuisoit à l'indépendance et à la sécurité; c'étoit l'un des pays de l'Europe où l'on honoroit le plus les lumières; où la liberté de fait, si ce n'est de droit, étoit le plus scrupuleusement

____

(1) Supprimé par la censure.

respectée. Je n'ai pas rencontré dans toute la Prusse un seul individu qui se plaignît d'actes arbitraires dans le gouvernement, et cependant il n'y auroit pas eu le moindre danger à s'en plaindre ; mais quand dans un état social le bonheur lui-même n'est pour ainsi dire qu'un accident heureux, et qu'il n'est pas fondé sur des institutions durables qui garantissent à l'espèce humaine sa force et sa dignité, le patriotisme a peu de persévérance, et l'on abandonne facilement au hasard les avantages qu'on croit ne devoir qu'à lui. Frédéric II, l'un des plus beaux dons de ce hasard qui sembloit veiller sur la Prusse, avoit su se faire aimer sincèrement dans son pays, et depuis qu'il n'est plus on le chérit autant que pendant sa vie. Toutefois le sort de la Prusse n'a que trop appris ce que c'est que l'influence même d'un grand homme, alors que durant son règne il ne travaille point généreusement à se rendre inutile : la nation toute entière s'en reposoit sur son roi de son principe d'existence, et sembloit devoir finir avec lui.

Frédéric II auroit voulu que la littérature française fût la seule de ses états. Il ne faisoit aucun cas de la littérature allemande. Sans doute elle n'étoit pas de son temps à beaucoup près aussi remarquable qu'à présent ; mais il faut qu'un prince allemand encourage tout ce qui est allemand. Frédéric avoit le projet de rendre Berlin un peu semblable à Paris, et se flattoit de trouver dans les réfugiés français quelques écrivains assez distingués pour avoir une littérature française. Une telle espérance devoit nécessairement être trompée ; les cultures factices ne prospèrent jamais ; quelques individus peuvent lutter contre les difficultés que présentent les choses; mais les grandes masses suivent toujours la pente naturelle. Frédéric a fait un mal véritable à son pays, en professant du mépris pour le génie des Allemands. Il en est résulté que le corps germanique a souvent conçu d'injustes soupçons contre la Prusse.

Plusieurs écrivains allemands, justement célèbres, se firent connoître vers la fin du règne de Frédéric ; mais l'opinion défavorable que ce grand monarque avoit conçue dans sa jeunesse contre la littérature de son pays ne s'effaça point, et il composa, peu d'années avant sa mort, un petit écrit, dans lequel il propose entre autres changements d'ajouter une voyelle à la fin de chaque verbe pour adoucir la langue tudesque. Cet allemand masqué en italien produiroit le plus comique effet du monde ; mais nul monarque, même en Orient, n'auroit assez de puissance pour influer ainsi, non sur le sens, mais sur le son de chaque mot qui se prononceroit dans son empire.

Klopstock a noblement reproché à Frédéric de négliger les muses allemandes, qui, à son insçu, s'essayoient à proclamer sa gloire. Frédéric n'a pas du tout deviné ce que sont les Allemands en lit-térature et en philosophie ; il ne les croyoit pas inventeurs. Il vouloit discipliner les hommes de lettres comme ses armées. « Il faut, écrivoit-il « en mauvais allemand, dans ses instructions à « l'académie, se conformer à la méthode de Boer- « haave dans la médecine, à celle de Locke dans « la métaphysique, et à celle de Thomasius pour « l'histoire naturelle. » Ses conseils n'ont pas été suivis. Il ne se doutoit guère que de tous les hommes les Allemands étoient ceux qu'on pou-voit le moins assujettir à la routine littéraire et philosophique : rien n'annonçoit en eux l'audace qu'ils ont montrée depuis dans le champ de l'abs-traction.

Frédéric considéroit ses sujets comme des étrangers, et les hommes d'esprit français comme ses patriotes. Rien n'étoit plus naturel, il faut en convenir, que de se laisser séduire par tout ce qu'il y avoit de brillant et de solide dans les écrivains français à cette époque ; néanmoins Frédéric auroit contribué plus efficacement encore à la gloire de son pays, s'il avoit compris et développé les facultés particulières à la nation qu'il gouvernoit. Mais comment résister à l'influence de son temps, et quel est l'homme dont le génie même n'est pas à beaucoup d'égards l'ouvrage de son siècle ?

CHAPITRE XVII.

Berlin.

B ERLIN est une grande ville dont les rues sont
très-larges, parfaitement bien alignées, les maisons belles, et l'ensemble régulier : mais comme
il n'y a pas long-temps qu'elle est rebâtie, on n'y
voit rien qui retrace les temps antérieurs. Aucun
monument gothique ne subsiste au milieu des
habitations modernes; et ce pays nouvellement
formé n'est gêné par l'ancien en aucun genre.
Que peut-il y avoir de mieux, dira-t-on, soit pour
les édifices, soit pour les institutions, que de
n'être pas embarrassé par des ruines ? Je sens que
j'aimerois en Amérique les nouvelles villes et les
nouvelles lois : la nature et la liberté y parlent
assez à l'âme pour qu'on n'y ait pas besoin de
souvenirs; mais sur notre vieille terre il faut du
passé. Berlin, cette ville toute moderne, quelque

belle qu'elle soit, ne fait pas une impression assez sérieuse; on n'y aperçoit point l'empreinte de l'histoire du pays, ni du caractère des habitants, et ces magnifiques demeures nouvellement construites ne semblent destinées qu'aux rassemblements commodes des plaisirs et de l'industrie. Les plus beaux palais de Berlin sont bâtis en briques; on trouveroit à peine une pierre de taille dans les arcs de triomphe. La capitale de la Prusse ressemble à la Prusse elle-même; les édifices et les institutions y ont âge d'homme, et rien de plus, parce qu'un homme seul en est l'auteur.

La cour, présidée par une reine belle et vertueuse, étoit imposante et simple tout à la fois; la famille royale, qui se répandoit volontiers dans la société, savoit se mêler noblement à la nation, et s'identifioit dans tous les cœurs avec la patrie. Le roi avoit su fixer à Berlin J. de Müller, Ancillon, Fichte, Humboldt, Hufeland, une foule d'hommes distingués dans des genres différents; enfin tous les éléments d'une société charmante et d'une nation forte étoient là : mais ces éléments n'étoient point encore combinés ni réunis. L'esprit réussissoit cependant d'une façon plus générale à Berlin qu'à Vienne; le héros du pays, Frédéric, ayant été un homme prodigieusement spirituel, le reflet de son nom faisoit encore aimer tout ce qui pouvoit lui ressembler. Marie-Thérèse n'a point donné une impulsion semblable aux Viennois, et ce qui dans Joseph ressembloit à de l'esprit les en a dégoûtés.

Aucun spectacle en Allemagne n'égaloit celui de Berlin. Cette ville, étant au centre du nord de l'Allemagne, peut être considérée comme le foyer de ses lumières. On y cultive les sciences et les lettres, et dans les dîners d'hommes, chez les ministres et ailleurs, on ne s'astreint point à la séparation de rang si nuisible à l'Allemagne, et l'on sait rassembler les gens de talent de toutes les classes. Cet heureux mélange ne s'étend pas encore néanmoins jusqu'à la société des femmes: il en est quelques-unes dont les qualités et les agréments attirent autour d'elles tout ce qui se distingue ; mais en général, à Berlin comme dans le reste de l'Allemagne, la société des femmes n'est pas bien amalgamée avec celle des hommes. Le grand charme de la vie sociale, en France, consiste dans l'art de concilier parfaitement ensemble les avantages que l'esprit des femmes et celui des hommes réunis peuvent apporter dans la conversation. A Berlin, les hommes ne causent guère qu'entre eux ; l'état militaire leur donne une certaine rudesse qui leur inspire le besoin de ne pas se gêner pour les femmes.

Quand il y a, comme en Angleterre, de grands intérêts politiques à discuter, les sociétés d'hommes sont toujours animées par un noble intérêt commun; mais dans les pays où il n'y a pas de gouvernement représentatif, la présence des femmes est nécessaire pour maintenir tous les sentiments de délicatesse et de pureté, sans lesquels l'amour du beau doit se perdre. L'influence des femmes est plus salutaire aux guerriers qu'aux citoyens; le règne de la loi se passe mieux d'elles que celui de l'honneur; car ce sont elles seules qui conservent l'esprit chevaleresque dans une monarchie purement militaire. L'ancienne France a dû tout son éclat à cette puissance de l'opinion publique, dont l'ascendant des femmes étoit la cause.

Il n'y avoit qu'un très-petit nombre d'hommes dans la société à Berlin, ce qui gâte presque toujours ceux qui s'y trouvent, en leur ôtant l'inquiétude et le besoin de plaire. Les officiers qui obtenoient un congé pour venir passer quelques mois à la ville n'y cherchoient que la danse ou le jeu. Le mélange des deux langues nuisoit à la conversation, et les grandes assemblées n'offroient

pas plus d'intérêt à Berlin qu'à Vienne : on doit
trouver même dans tout ce qui tient aux manières plus d'usage du monde à Vienne qu'à Berlin. Néanmoins la liberté de la presse, la réunion
des hommes d'esprit, la connoissance de la littérature et de la langue allemande, qui s'étoit généralement répandue dans les derniers temps,
faisoient de Berlin la vraie capitale de l'Allemagne
nouvelle, de l'Allemagne éclairée. Les réfugiés français affoiblissoient un peu l'impulsion toute allemande dont Berlin est susceptible; ils conservoient
encore un respect superstitieux pour le siècle de
Louis XIV; leurs idées sur la littérature se flétris-
soient et·se pétrifioient à distance du pays d'où
elles étoient tirées; mais en général Berlin auroit
pris un grand ascendant sur l'esprit public en
Allemagne, si l'on n'avoit pas conservé, je le répète, du ressentiment contre le dédain que Frédéric avoit montré pour la nation germanique.

Les écrivains philosophes ont eu souvent d'injustes préjugés contre la Prusse; ils ne voyoient
en elle qu'une vaste caserne, et c'étoit sous ce
rapport qu'elle valoit le moins : ce qui doit intéresser à ce pays, ce sont les lumières, l'esprit de
justice et les sentiments d'indépendance qu'on
rencontre dans une foule d'individus de toutes

les classes ; mais le lien de ces belles qualités n'étoit pas encore formé. L'état nouvellement constitué ne reposoit ni sur le temps ni sur le peuple.

Les punitions humiliantes généralement admises parmi les troupes allemandes froissoient l'honneur dans l'âme des soldats. Les habitudes militaires ont plutôt nui que servi à l'esprit guerrier des Prussiens ; ces habitudes étoient fondées de vieilles méthodes qui séparoient l'armée de la nation, tandis que, de nos jours, il n'y a de véritable force que dans le caractère national. Ce caractère en Prusse est plus noble et plus exalté que les derniers événements ne pourroient le faire supposer ; — « et l'ardent héroïsme du « malheureux prince Louis doit jeter encore quel- « que gloire sur ses compagnons d'armes (1). »

---

(1) Supprimé par la censure. Je luttai pendant plusieurs jours pour obtenir la liberté de rendre cet hommage au prince Louis, et je représentai que c'étoit relever la gloire des Français que de louer la bravoure de ceux qu'ils avoient vaincus ; mais il parut plus simple aux censeurs de ne rien permettre en ce genre.

CHAPITRE XVIII.

Des universités allemandes.

Tout le nord de l'Allemagne est rempli d'universités les plus savantes de l'Europe. Dans aucun pays, pas même en Angleterre, il n'y a autant de moyens de s'instruire et de perfectionner ses facultés. A quoi tient donc que la nation manque d'énergie, et qu'elle paroisse en général lourde et bornée, quoiqu'elle renferme un petit nombre d'hommes peut-être les plus spirituels de l'Europe ? C'est à la nature des gouvernements, et non à l'éducation, qu'il faut attribuer ce singulier contraste. L'éducation intellectuelle est parfaite en Allemagne, mais tout s'y passe en théorie : l'éducation pratique dépend uniquement des affaires ; c'est par l'action seule que le caractère acquiert la fermeté nécessaire pour se guider dans la conduite de la vie. Le caractère est un instinct, il tient de plus près à la nature que l'esprit, et néanmoins les circonstances donnent seules aux hommes l'occasion de le développer. Les gouvernements sont les vrais instituteurs des peuples ; et l'éducation publique elle-même, quelque bonne qu'elle soit, peut former des hommes de lettres, mais non des citoyens, des guerriers, ni des hommes d'état.

En Allemagne, le génie philosophique va plus loin que partout ailleurs, rien ne l'arrête, et l'absence même de carrière politique, si funeste à la masse, donne encore plus de liberté aux penseurs. Mais une distance immense sépare les esprits du premier et du second ordre, parce qu'il n'y a point d'intérêt, ni d'objet d'activité, pour les hommes qui ne s'élèvent pas à la hauteur des conceptions les plus vastes. Celui qui ne s'occupe pas de l'univers, en Allemagne, n'a vraiment rien à faire.

Les universités allemandes ont une ancienne réputation qui date de plusieurs siècles avant la réformation. Depuis cette époque, les universités protestantes sont incontestablement supérieures aux universités catholiques, et toute la gloire littéraire de l'Allemagne tient à ces institutions (1).

____

(1) On peut en voir une esquisse dans l'ouvrage que

Les universités anglaises ont singulièrement contribué à répandre parmi les Anglais cette connoissance des langues et de la littérature ancienne, qui donne aux orateurs et aux hommes d'état en Angleterre une instruction si libérale et si brillante. Il est de bon goût de savoir autre chose que les affaires, quand on les sait bien : et d'ailleurs l'éloquence des nations libres se rattache à l'histoire des Grecs et des Romains, comme à celle d'anciens compatriotes. Mais les universités allemandes, quoique fondées sur des principes analogues à ceux d'Angleterre, en diffèrent à beaucoup d'égards : la foule des étudiants qui se réunissoient à Gœttingue, Halle, Iena, etc. formoient presque un corps libre dans l'état : les écoliers riches et pauvres ne se distinguoient entre eux que par leur mérite personnel, et les étrangers qui venoient de tous les coins du monde se soumettoient avec plaisir à cette égalité que la supériorité naturelle pouvoit seule altérer.

M. de Villers vient de publier sur ce sujet. On trouve toujours M. de Villers à la tête de toutes les opinions nobles et généreuses; et il me semble appelé, par la grâce de son esprit et la profondeur de ses études, à représenter la France en Allemagne, et l'Allemagne en France.

Il y avoit de l'indépendance et même de l'esprit militaire parmi les étudiants; et si, en sortant de l'université, ils avoient pu se vouer aux intérêts publics, leur éducation eût été très-favorable à l'énergie du caractère : mais ils rentroient dans les habitudes monotones et casanières qui dominent en Allemagne, et perdoient par degré l'élan et la résolution que la vie de l'université leur avoit inspirés; il ne leur en restoit qu'une instruction très-étendue.

Dans chaque université allemande, plusieurs professeurs étoient en concurrence pour chaque branche d'enseignement; ainsi les maîtres avoient eux-mêmes de l'émulation, intéressés qu'ils étoient à l'emporter les uns sur les autres en attirant un plus grand nombre d'écoliers. Ceux qui se destinoient à telle ou telle carrière en particulier, la médecine, le droit, etc., se trouvoient naturellement appelés à s'instruire sur d'autres sujets; et de là vient l'universalité de connoissances que l'on remarque dans presque tous les hommes instruits de l'Allemagne. Les universités possédoient des biens en propre, comme le clergé; elles avoient une juridiction à elles; et c'est une belle idée de nos pères que d'avoir rendu les établissements d'éducation tout-à-fait libres. L'âge mûr peut se soumettre aux circonstances; mais à l'entrée de la vie, au moins, le jeune homme doit puiser ses idées dans une source non altérée.

L'étude des langues, qui fait la base de l'instruction en Allemagne, est beaucoup plus favorable aux progrès des facultés dans l'enfance, que celle des mathématiques ou des sciences physiques. Pascal, ce grand géomètre, dont la pensée profonde planoit sur la science dont il s'occupoit spécialement, comme sur toutes les autres, a reconnu lui-même les défauts inséparables des esprits formés d'abord par les mathématiques : cette étude, dans le premier âge, n'exerce que le mécanisme de l'intelligence ; les enfants que l'on occupe de si bonne heure à calculer perdent toute cette sève de l'imagination, alors si belle et si féconde, et n'acquièrent point à la place une justesse d'esprit transcendante : car l'arithmétique et l'algèbre se bornent à nous apprendre de mille manières des propositions toujours identiques. Les problèmes de la vie sont plus compliqués ; aucun n'est positif, aucun n'est absolu : il faut deviner, il faut choisir, à l'aide d'aperçus et de suppositions qui n'ont aucun rapport avec la marche infaillible du calcul.

Les vérités démontrées ne conduisent point

aux vérités probables, les seules qui servent de guide dans les affaires, comme dans les arts, comme dans la société. Il y a sans doute un point où les mathématiques elles-mêmes exigent cette puissance lumineuse de l'invention sans laquelle on ne peut pénétrer dans les secrets de la nature : au sommet de la pensée l'imagination d'Homère et celle de Newton semblent se réunir, mais combien d'enfants sans génie pour les mathématiques ne consacrent-ils pas tout leur temps à cette science ! On n'exerce chez eux qu'une seule faculté, tandis qu'il faut développer tout l'être moral dans une époque où l'on peut si facilement déranger l'âme comme le corps, en ne fortifiant qu'une partie.

Rien n'est moins applicable à la vie qu'un raisonnement mathématique. Une proposition en fait de chiffres est décidément fausse ou vraie ; sous tous les autres rapports le vrai se mêle avec le faux d'une telle manière, que souvent l'instinct peut seul nous décider entre les motifs divers, quelquefois aussi puissants d'un côté que de l'autre. L'étude des mathématiques, habituant à la certitude, irrite contre toutes les opinions opposées à la nôtre ; tandis que ce qu'il y a de plus important pour la conduite de ce monde, c'est d'apprendre les autres, c'est-à-dire de concevoir tout ce qui les porte à penser et à sentir autrement que nous. Les mathématiques induisent à ne tenir compte que de ce qui est prouvé ; tandis que les vérités primitives, celles que le sentiment et le génie saisissent, ne sont pas susceptibles de démonstration.

Enfin les mathématiques, soumettant tout au calcul, inspirent trop de respect pour la force ; et cette énergie sublime, qui ne compte pour rien les obstacles et se plaît dans les sacrifices, s'accorde difficilement avec le genre de raison que développent les combinaisons algébriques.

Il me semble donc que, pour l'avantage de la morale, aussi-bien que pour celui de l'esprit, il vaut mieux placer l'étude des mathématiques dans son temps, et comme une portion de l'instruction totale, mais non en faire la base de l'éducation, et par conséquent le principe déterminant du caractère et de l'âme.

Parmi les systèmes d'éducation, il en est aussi qui conseillent de commencer l'enseignement par les sciences naturelles ; elles ne sont dans l'enfance qu'un simple divertissement ; ce sont des hochets savants qui accoutument à s'amuser avec méthode et à étudier superficiellement. On s'est imaginé qu'il falloit, autant qu'on le pouvoit, éviter de la peine aux enfants, changer en délassement toutes leurs études, leur donner de bonne heure des collections d'histoire naturelle pour jouets, des expériences de physique pour spectacle. Il me semble que cela aussi est un système erroné. S'il étoit possible qu'un enfant apprît bien quelque chose en s'amusant, je regretterois encore pour lui le développement d'une faculté, l'attention, faculté qui est beaucoup plus essentielle qu'une connoissance de plus. Je sais qu'on me dira que les mathématiques rendent particulièrement appliqué ; mais elles n'habituent pas à rassembler, apprécier, concentrer : l'attention qu'elles exigent est pour ainsi dire en ligne droite : l'esprit humain agit en mathématiques comme un ressort qui suit une direction toujours la même.

L'éducation faite en s'amusant disperse la pensée ; la peine en tout genre est un des grands secrets de la nature : l'esprit de l'enfant doit s'accoutumer aux efforts de l'étude, comme notre âme à la souffrance. Le perfectionnement du premier âge tient au travail, comme le perfectionnement du second à la douleur : il est à souhaiter sans doute que les parents et la destinée n'abusent pas trop de ce double secret ; mais il n'y a d'important à toutes les époques de la vie que ce qui agit sur le centre même de l'existence, et l'on considère trop souvent l'être moral en détail. Vous enseignerez avec des tableaux, avec des cartes, une quantité de choses à votre enfant, mais vous ne lui apprendrez pas à apprendre; et l'habitude de s'amuser, que vous dirigez sur les sciences, suivra bientôt un autre cours quand l'enfant ne sera plus dans votre dépendance.

Ce n'est donc pas sans raison que l'étude des langues anciennes et modernes a été la base de tous les établissements d'éducation qui ont formé les hommes les plus capables en Europe : le sens d'une phrase dans une langue étrangère est à la fois un problème grammatical et intellectuel; ce problème est tout-à-fait proportionné à l'intelligence de l'enfant : d'abord il n'entend que les mots, puis il s'élève jusqu'à la conception de la phrase, et bientôt après le charme de l'expression, sa force, son harmonie, tout ce qui se trouve dans le langage de l'homme, se fait sentir par degrés à l'enfant qui traduit. Il s'essaie tout seul avec les difficultés que lui présentent deux langues à la fois, il s'introduit dans les idées successivement, compare et combine divers genres d'analogies et de vraisemblances; et l'activité spontanée de l'esprit, la seule qui développe vraiment la faculté de penser, est vivement excitée par cette étude. Le nombre des facultés qu'elle fait mouvoir à la fois lui donne l'avantage sur tout autre travail, et l'on est trop heureux d'employer la mémoire flexible de l'enfant à retenir un genre de connoissances, sans lequel il seroit borné toute sa vie au cercle de sa propre nation, cercle étroit comme tout ce qui est exclusif.

L'étude de la grammaire exige la même suite et la même force d'attention que les mathématiques, mais elle tient de beaucoup plus près à la pensée. La grammaire lie les idées l'une à l'autre, comme le calcul enchaîne les chiffres; la logique grammaticale est aussi précise que celle de l'algèbre, et cependant elle s'applique à tout ce qu'il y a de vivant dans notre esprit : les mots sont en même temps des chiffres et des images; ils sont esclaves et libres, soumis à la discipline de la syntaxe, et tout-puissants par leur signification naturelle; ainsi l'on trouve dans la métaphysique de la grammaire l'exactitude du raisonnement et l'indépendance de la pensée réunies ensemble; tout a passé par les mots et tout s'y retrouve quand on sait les examiner : les langues sont inépuisables pour l'enfant comme pour l'homme, et chacun en peut tirer tout ce dont il a besoin.

L'impartialité naturelle à l'esprit des Allemands les porte à s'occuper des littératures étrangères, et l'on ne trouve guère d'hommes un peu au-dessus de la classe commune en Allemagne à qui la lecture de plusieurs langues ne soit familière. En sortant des écoles on sait déjà d'ordinaire très-bien le latin et même le grec. *L'éducation des universités allemandes*, dit un écrivain français, *commence où finit celle de plusieurs nations de l'Europe.* Non-seulement les professeurs sont des hommes d'une instruction étonnante; mais ce qui les distingue surtout, c'est un enseignement très-scrupuleux. En Allemagne on met de la conscience dans tout, et rien en effet ne peut s'en passer. Si l'on examine le cours de la destinée humaine, on verra que la légèreté peut conduire à tout ce qu'il y a de mauvais dans ce monde Il n'y a que l'enfance dans qui la légèreté soit un charme; il semble que le créateur tienne encore l'enfant par la main, et l'aide à marcher doucement sur les nuages de la vie. Mais quand le temps livre l'homme à lui-même, ce n'est que dans le sérieux de son âme qu'il trouve des pensées, des sentiments et des vertus.

CHAPITRE XIX.

Des institutions particulières d'éducation et de bienfaisance.

———

Il paroîtra d'abord inconséquent de louer l'ancienne méthode qui faisoit de l'étude des langues la base de l'éducation, et de considérer l'école de Pestalozzi comme l'une des meilleures institutions de notre siècle; je crois cependant que ces deux manières de voir peuvent se concilier. De toutes les études celles qui donnent chez Pestalozzi les résultats les plus brillants, ce sont les mathématiques. Mais il me paroît que sa méthode pourroit s'appliquer à plusieurs autres parties de l'instruction, et qu'elle y feroit faire des progrès sûrs et rapides. Rousseau a senti que les enfants, avant l'âge de douze à treize ans, n'avoient point l'intelligence nécessaire pour les études qu'on exigeoit d'eux, ou plutôt pour la méthode d'enseignement à laquelle on les soumettoit. Ils répé-

toient sans comprendre, ils travailloient sans
s'instruire, et ne recueilloient souvent de l'éducation que l'habitude de faire leur tâche sans la
concevoir, et d'esquiver le pouvoir du maître par
la ruse de l'écolier. Tout ce que Rousseau a dit
contre cette éducation routinière est parfaitement
vrai ; mais, comme il arrive souvent, ce qu'il propose comme remède est encore plus mauvais que
le mal.

Un enfant qui, d'après le système de Rousseau, n'auroit rien appris jusqu'à l'âge de douze
ans, auroit perdu six années précieuses de sa vie ;
ses organes intellectuels n'acquerroient jamais la
flexibilité que l'exercice dès la première enfance
pouvoit seul leur donner. Les habitudes d'oisiveté seroient tellement enracinées en lui, qu'on
le rendroit bien plus malheureux en lui parlant
de travail, pour la première fois, à l'âge de douze
ans, qu'en l'accoutumant depuis qu'il existe à le
regarder comme une condition nécessaire de la
vie. D'ailleurs l'espèce de soin que Rousseau
exige de l'instituteur pour suppléer à l'instruction, et pour la faire arriver par la nécessité, obli-
geroit chaque homme à consacrer sa vie entière à
l'éducation d'un autre, et les grands-pères seuls
se trouveroient libres de commencer une carrière

personnelle. De tels projets sont chimériques, tandis que la méthode de Pestalozzi est réelle, applicable, et peut avoir une grande influence sur la marche future de l'esprit humain.

Rousseau dit avec raison que les enfants ne comprennent pas ce qu'ils apprennent, et il en conclut qu'ils ne doivent rien apprendre. Pestalozzi a profondément étudié ce qui fait que les enfants ne comprennent pas, et sa méthode simplifie et gradue les idées de telle manière qu'elles sont mises à la portée de l'enfance, et que l'esprit de cet âge arrive sans se fatiguer aux résultats les plus profonds. En passant avec exactitude par tous les degrés de raisonnement, Pestalozzi met l'enfant en état de découvrir lui-même ce qu'on veut lui enseigner.

Il n'y a point d'à-peu-près dans la méthode de Pestalozzi : on entend bien, ou l'on n'entend pas; car toutes les propositions se touchent de si près, que le second raisonnement est toujours la conséquence immédiate du premier. Rousseau a dit que l'on fatiguoit la tête des enfants par les études que l'on exigeoit d'eux. Pestalozzi les conduit toujours par une route si facile et si positive, qu'il ne leur en coûte pas plus de s'initier dans les sciences les plus abstraites que dans les occupations les plus simples : chaque pas dans ces siences est aussi aisé, par rapport à l'antécédent, que la conséquence la plus naturelle tirée des circonstances les plus ordinaires. Ce qui lasse les enfants, c'est de leur faire sauter les intermédiaires, de les faire avancer sans qu'ils sachent ce qu'ils croient avoir appris. Il y a dans leur tête alors une sorte de confusion qui leur rend tout examen redoutable et leur inspire un invincible dégoût pour le travail. Il n'existe pas de trace de ces inconvénients chez Pestalozzi : les enfants s'amusent de leurs études, non pas qu'on leur en fasse un jeu, ce qui, comme je l'ai déjà dit, met l'ennui dans le plaisir et la frivolité dans l'étude, mais parce qu'ils goûtent dès l'enfance le plaisir des hommes faits, savoir, comprendre et terminer ce dont ils sont chargés.

La méthode de Pestalozzi, comme tout ce qui est vraiment bon, n'est pas une découverte entièrement nouvelle, mais une application éclairée et persévérante de vérités déjà connues. La patience, l'observation et l'étude philosophique des procédés de l'esprit humain, lui ont fait connoître ce qu'il y a d'élémentaire dans les pensées et de successif dans leur développement; et il a poussé plus loin qu'un autre la théorie et la pratique de la gradation dans l'enseignement. On a appliqué avec succès sa méthode à la grammaire, à la géographie, à la musique; mais il seroit fort à désirer que les professeurs distingués qui ont adopté ses principes les fissent servir à tous les genres de connoissances. Celle de l'histoire en particulier n'est pas encore bien conçue. On n'a point observé la dégradation des impressions dans la littérature comme celle des problèmes dans les sciences. Enfin il reste beaucoup de choses à faire pour porter au plus haut point l'éducation, c'est-à-dire l'art de se placer en arrière de ce qu'on sait pour le faire comprendre aux autres.

Pestalozzi se sert de la géométrie pour apprendre aux enfants le calcul arithmétique; c'étoit aussi la méthode des anciens. La géométrie parle plus à l'imagination que les mathématiques abstraites. C'est bien fait de réunir autant qu'il est possible la précision de l'enseignement à la vivacité des impressions, si l'on veut se rendre maître de l'esprit humain tout entier; car ce n'est pas la profondeur même de la science, mais l'obscurité dans la manière de la présenter qui seule peut empêcher les enfants de la saisir : ils comprennent tout de degrés en degrés : l'essentiel est de mesurer les progrès sur la marche de la raison dans l'enfance. Cette marche lente, mais sûre, conduit aussi loin qu'il est possible, dès qu'on s'astreint à ne la jamais hâter.

C'est chez Pestalozzi un spectacle attachant et singulier que ces visages d'enfants dont les traits arrondis, vagues et délicats, prennent naturellement une expression réfléchie : ils sont attentifs par eux - mêmes, et considèrent leurs études comme un homme d'un âge mûr s'occuperoit de ses propres affaires. Une chose remarquable, c'est que la punition ni la récompense ne sont point nécessaires pour les exciter dans leurs travaux. C'est peut-être la première fois qu'une école de cent cinquante enfants va sans le ressort de l'émulation et de la crainte. Combien de mauvais sentiments sont épargnés à l'homme, quand on éloigne de son cœur la jalousie et l'humiliation, quand il ne voit point dans ses camarades des rivaux, dans ses maîtres des juges ! Rousseau vouloit soumettre l'enfant à la loi de la destinée ; Pestalozzi crée lui-même cette destinée pendant le cours de l'éducation de l'enfant, et dirige ses décrets pour son bonheur et son perfectionnement. L'enfant se sent libre parce qu'il se plaît dans l'ordre général qui l'entoure, et dont l'égalité parfaite n'est point dérangée même par les talents plus ou moins distingués de quelques-uns. Il ne s'agit pas là de succès, mais de progrès vers un but auquel tous tendent avec une même bonne foi. Les écoliers deviennent maîtres quand ils en savent plus que leurs camarades ; les maîtres redeviennent écoliers quand ils trouvent quelques imperfections dans leur méthode, et recommencent leur propre éducation pour mieux juger des difficultés de l'enseignement.

On craint assez généralement que la méthode de Pestalozzi n'étouffe l'imagination et ne s'oppose à l'originalité de l'esprit ; il est difficile qu'il y ait une éducation pour le génie, et ce n'est guère que la nature et le gouvernement qui l'inspirent ou l'excitent. Mais ce ne peut être un obstacle au genie, que des connoissances primitives parfaitement claires et sûres ; elles donnent à l'esprit un genre de fermeté qui lui rend ensuite faciles toutes les études les plus hautes. Il faut considérer l'école de Pestalozzi comme bornée jusqu'à présent à l'enfance. L'éducation qu'il donne n'est définitive que pour les gens du peuple ; mais c'est par cela même qu'elle peut exercer une influence très-salutaire sur l'esprit national. L'éducation pour les hommes riches doit être partagée en deux époques : dans la première, les enfants sont guidés par leurs maîtres; dans la seconde, ils s'instruisent volontairement, et cette éducation de choix c'est dans les grandes universités qu'il faut la recevoir. L'instruction qu'on acquiert chez Pestalozzi donne à chaque homme, de quelque classe qu'il soit, une base sur laquelle il peut bâtir à son gré la chaumière du pauvre ou les palais des rois.

On auroit tort si l'on croyoit en France qu'il n'y a rien de bon à prendre dans l'école de Pestalozzi que sa méthode rapide pour apprendre à calculer. Pestalozzi lui-même n'est pas mathématicien; il sait mal les langues; il n'a que le génie et l'instinct du développement intérieur de l'intelligence des enfants; il voit quel chemin leur pensée suit pour arriver au but. Cette loyauté de caractère, qui répand un si noble calme sur les affections du cœur, Pestalozzi l'a jugée nécessaire aussi dans les opérations de l'esprit. Il pense qu'il y a un plaisir de moralité dans des études complètes. En effet, nous voyons sans cesse que les connoissances superficielles inspirent une sorte d'arrogance dédaigneuse qui fait repousser comme inutile, ou dangereux, ou ridicule, tout ce qu'on ne sait pas. Nous voyons aussi que ces connoissances superficielles obligent à cacher habilement ce qu'on ignore. La candeur souffre de tous ces défauts d'instruction dont on ne peut s'empêcher d'être heureux. Savoir parfaitement ce qu'on sait, donne un repos à l'esprit qui ressemble à la satisfaction de la conscience. La bonne foi de Pestalozzi, cette bonne foi portée dans la sphère de l'intelligence, et qui traite avec les idées aussi scrupuleusement qu'avec les hommes, est le principal mérite de son école ; c'est par-là qu'il rassemble autour de lui des hommes consacrés au bien-être des enfants d'une façon tout-à-fait désintéressée. Quand dans un établissement public aucun des calculs personnels des chefs n'est satisfait, il faut chercher le mobile de cet établissement dans leur amour de la vertu : les jouissances qu'elle donne peuvent seules se passer de trésors et de pouvoir.

On n'imiteroit point l'institut de Pestalozzi en transportant ailleurs sa méthode d'enseignement ; il faut établir avec elle la persévérance dans les maîtres, la simplicité dans les écoliers, la régularité dans le genre de vie, enfin surtout les sentiments religieux qui animent cette école. Les pratiques du culte n'y sont pas suivies avec plus d'exactitude qu'ailleurs ; mais tout s'y passe au nom de la divinité, au nom de ce sentiment élevé, noble et pur, qui est la religion habituelle du cœur. La vérité, la bonté, la confiance, l'affection entourent les enfants ; c'est dans cette atmosphère qu'ils vivent, et pour quelque temps du moins ils restent étrangers à toutes les passions haineuses, à tous les préjugés orgueilleux du monde. Un éloquent philosophe, Fichte, a dit *qu'il attendoit la régénération de la nation allemande de l'institut de Pestalozzi* : il faut convenir au moins qu'une révolution fondée sur de pareils moyens ne seroit ni violente ni rapide, car l'éducation, quelque bonne qu'elle puisse être, n'est rien en comparaison de l'influence des événements publics : l'instruction perce goutte à goutte le rocher, mais le torrent l'enlève un jour.

Il faut rendre surtout hommage à Pestalozzi pour le soin qu'il a pris de mettre son institut à la portée des personnes sans fortune, en réduisant le prix de sa pension autant qu'il étoit possible. Il s'est constamment occupé de la classe des pauvres, et veut lui assurer le bienfait des lumières pures et de l'instruction solide. Les ouvrages de Pestalozzi sont sous ce rapport une lecture très-curieuse : il a fait des romans dans lesquels les situations de la vie des gens du peuple sont peintes avec un intérêt, une vérité et une moralité parfaites. Les sentiments qu'il exprime dans ces écrits sont pour ainsi dire aussi élémentaires que les principes de sa méthode. On est étonné de pleurer pour un mot, pour un détail si simple, si vulgaire même, que la profondeur seule des émotions le relève. Les gens du peuple sont un état intermédiaire entre les sauvages et les hommes civilisés ; quand ils sont vertueux, ils ont un genre d'innocence et de bonté qui ne peut se rencontrer dans le monde. La société pèse sur eux, ils luttent avec la nature, et leur confiance en Dieu est plus animée, plus constante que celle des riches. Sans cesse menacés par le malheur, recourant sans cesse à la prière, inquiets chaque jour, sauvés chaque soir, les pauvres se sentent sous la main immédiate de celui qui protége ce que les hommes ont délaissé, et leur probité, quand ils en ont, est singulièrement scrupuleuse.

Je me rappelle, dans un roman de Pestalozzi, la restitution de quelques pommes de terre par un enfant qui les avoit volées : sa grand'mère mourante lui ordonne de les reporter au propriétaire du jardin où il les a prises, et cette scène attendrit jusqu'au fond du cœur. Ce pauvre crime, si l'on peut s'exprimer ainsi, causant de tels remords ; la solennité de la mort à travers les misères de la vie, la vieillesse et l'enfance rapprochées par la voix de Dieu, qui parle également à l'une et à l'autre, tout cela fait mal, et bien mal : car dans nos fictions poétiques les pompes de la destinée soulagent un peu de la pitié que causent les revers ; mais l'on croit voir dans ces romans populaires une foible lampe éclairer une petite cabane, et la bonté de l'âme ressort au milieu de toutes les douleurs qui la mettent à l'épreuve.

L'art du dessin pouvant être considéré sous des rapports d'utilité, l'on peut dire que, parmi les arts d'agrément, le seul introduit dans l'école de Pestalozzi, c'est la musique, et il faut le louer encore de ce choix. Il y a tout un ordre de sentiments, je dirois même tout un ordre de vertus, qui appartiennent à la connoissance, ou du moins au goût de la musique ; et c'est une grande barbarie que de priver de telles impressions une portion nombreuse de la race humaine. Les anciens prétendoient que les nations avoient été civilisées par la musique, et cette allégorie a un sens très-profond ; car il faut toujours supposer que le lien de la société s'est formé par la sympathie ou par l'intérêt, et certes la première origine est plus noble que l'autre.

Pestalozzi n'est pas le seul dans la Suisse allemande qui s'occupe avec zèle de cultiver l'âme du peuple : c'est sous ce rapport que l'établissement de M. de Fellenberg m'a frappé. Beaucoup de gens y sont venus chercher de nouvelles lumières sur l'agriculture, et l'on dit qu'à cet égard ils ont été satisfaits ; mais ce qui mérite principalement l'estime des amis de l'humanité, c'est le soin que prend M. de Fellenberg de l'éducation des gens du peuple ; il fait instruire, selon la méthode de Pestalozzi, les maîtres d'école des villages, afin qu'ils enseignent à leur tour les enfants ; les ouvriers qui labourent ses terres apprennent la musique des psaumes, et bientôt on entendra dans la campagne les louanges divines chantées avec des voix simples, mais harmonieuses, qui célèbreront à la fois la nature et son auteur. Enfin M. de Fellenberg cherche par tous les moyens possibles à former entre la classe inférieure et la nôtre un lien libéral, un lien qui ne soit pas uniquement fondé sur les intérêts pécuniaires des riches et des pauvres.

L'exemple de l'Angleterre et de l'Amérique nous apprend qu'il suffit des institutions libres pour développer l'intelligence et la sagesse du peuple ; mais c'est un pas de plus que de lui donner par-delà le nécessaire en fait d'instruction. Le nécessaire en tout genre a quelque chose de révoltant quand ce sont les possesseurs du superflu qui le mesurent. Ce n'est pas assez de s'occuper des gens du peuple sous un point de vue d'utilité, il faut aussi qu'ils participent aux jouissances de l'imagination et du cœur. C'est dans le même esprit que des philanthropes très-éclairés se sont occupés de la mendicité à Hambourg. Ils n'ont mis dans leurs établissements de charité, ni despotisme, ni spéculation économique ; ils ont voulu que les hommes malheureux souhaitassent eux-mêmes le travail qu'on leur demande autant que les bienfaits qu'on leur accorde. Comme ils ne faisoient point des pauvres un moyen, mais un but, ils ne leur ont pas ordonné l'occupation, mais ils la leur ont fait désirer. Sans cesse on voit, dans les différents comptes rendus de ces établissements de charité, qu'il importoit bien plus à leurs fondateurs de rendre les hommes meilleurs que de les rendre plus utiles ; et c'est ce haut point de vue philosophique qui caractérise l'esprit de sagesse et de liberté de cette ancienne ville anséatique.

Il y a beaucoup de bienfaisance dans le monde, et celui qui n'est pas capable de servir ses semblables par le sacrifice de son temps et de ses pen-

chants leur fait volontiers du bien avec de l'argent:
c'est toujours quelque chose, et nulle vertu n'est à
dédaigner. Mais la masse considérable des au-
mônes particulières n'est point sagement dirigée
dans la plupart des pays, et l'un des services les
plus éminents que le baron de Voght et ses excel-
lents compatriotes aient rendus à l'humanité,
c'est de montrer que, sans nouveaux sacrifices,
sans que l'état intervînt, la bienfaisance particulière suffisoit au soulagement du malheur. Ce qui
s'opère par les individus convient singulièrement
à l'Allemagne, où chaque chose, prise séparément, vaut mieux que l'ensemble.

Les entreprises charitables doivent prospérer
dans la ville de Hambourg ; il y a tant de moralité parmi ses habitants, que pendant long-temps
on y a payé les impôts dans une espèce de tronc,
sans que jamais personne surveillât ce qu'on y
portoit : ces impôts devoient être proportionnés
à la fortune de chacun, et, calcul fait, ils ont
toujours été scrupuleusement acquittés. Ne croit-
on pas raconter un trait de l'âge d'or, si toutefois dans l'âge d'or il y avoit des richesses pri-
vées et des impôts publics ? On ne sauroit assez
admirer combien, sous le rapport de l'enseignement comme sous celui de l'administration, la

bonne foi rend tout facile. On devroit bien lui accorder tous les honneurs qu'obtient l'habileté; car en résultat elle s'entend mieux même aux affaires de ce monde.

CHAPITRE XX.

La fête d'Interlaken.

Il faut attribuer au caractère germanique une grande partie des vertus de la Suisse allemande. Néanmoins il y a plus d'esprit public en Suisse qu'en Allemagne, plus de patriotisme, plus d'énergie, plus d'accord dans les opinions et les sentiments ; mais aussi la petitesse des États et la pauvreté du pays n'y excitent en aucune manière le génie ; on y trouve bien moins de savants et de penseurs que dans le nord de l'Allemagne, où le relâchement même des liens politiques donne l'essor à toutes les nobles rêveries, à tous les systèmes hardis qui ne sont point soumis à la nature des choses. Les Suisses ne sont pas une nation poétique, et l'on s'étonne avec raison que l'admirable aspect de leur contrée n'ait pas enflammé davantage leur imagination. Toutefois un peuple

religieux et libre est toujours susceptible d'un genre
d'enthousiasme, et les occupations matérielles de
la vie ne sauroient l'étouffer entièrement. Si l'on
en avoit pu douter, on s'en seroit convaincu par
la fête des bergers, qui a été célébrée l'année dernière, au milieu des lacs, en mémoire du fondateur de Berne.

Cette ville de Berne mérite plus que jamais le
respect et l'intérêt des voyageurs : il semble que
depuis ses derniers malheurs elle ait repris toutes
ses vertus avec une ardeur nouvelle, et qu'en
perdant ses trésors elle ait redoublé de largesses
envers les infortunés. Ses établissements de charité
sont peut-être les mieux soignés de l'Europe : l'hô-
pital est l'édifice le plus beau, le seul magnifique
de la ville. Sur la porte est écrite cette inscription :
Christo in pauperibus, *au Christ dans les pauvres.* Il n'en est point de plus admirable. La religion
chrétienne ne nous a-t-elle pas dit que c'étoit pour
ceux qui souffrent que le Christ étoit descendu
sur la terre ? et qui de nous, dans quelque époque
de sa vie, n'est pas un de ces pauvres en bonheur,
en espérances, un de ces infortunés enfin qu'on
doit soulager au nom de Dieu ?

Tout dans la ville et le canton de Berne porte
l'empreinte d'un ordre sérieux et calme, d'un

gouvernement digne et paternel. Un air de probité se fait sentir dans chaque objet que l'on aperçoit ; on se croit en famille au milieu de deux cent mille hommes, que l'on appelle nobles, bourgeois ou paysans, mais qui sont tous également dévoués à la patrie.

Pour aller à la fête, il falloit s'embarquer sur l'un de ces lacs dans lesquels les beautés de la nature se réfléchissent, et qui semblent placés au pied des Alpes pour en multiplier les ravissants aspects. Un temps orageux nous déroboit la vue distincte des montagnes, mais, confondues avec les nuages, elles n'en étoient que plus redoutables. La tempête grossissoit, et bien qu'un sentiment de terreur s'emparât de mon âme, j'aimois cette foudre du ciel qui confond l'orgueil de l'homme. Nous nous reposâmes un moment dans une espèce de grotte avant de nous hasarder à traverser la partie du lac de Thun, qui est entourée de rochers inabordables. C'est dans un lieu pareil que Guillaume Tell sut braver les abîmes et s'attacher à des écueils pour échapper à ses tyrans. Nous aperçûmes alors dans le lointain cette montagne qui porte le nom de Vierge (*Jungfrau*), parce qu'aucun voyageur n'a jamais pu gravir jusqu'à son sommet : elle est moins haute que le Mont-

Blanc, et cependant elle inspire plus de respect, parce qu'on la sait inaccessible.

Nous arrivâmes à Unterseen, et le bruit de l'Aar, qui tombe en cascades autour de cette petite ville, disposoit l'âme à des impressions rêveuses. Les étrangers, en grand nombre, étoient logés dans des maisons de paysans fort propres, mais rustiques. Il étoit assez piquant de voir se promener dans la rue d'Unterseen de jeunes Parisiens tout à coup transportés dans les vallées de la Suisse; ils n'entendoient plus que le bruit des torrents; ils ne voyoient plus que des montagnes, et cherchoient si dans ces lieux solitaires ils pourroient s'ennuyer assez pour retourner avec plus de plaisir encore dans le monde.

On a beaucoup parlé d'un air joué par les cors des Alpes, et dont les Suisses recevoient une impression si vive qu'ils quittoient leurs régiments, quand ils l'entendoient, pour retourner dans leur patrie. On conçoit l'effet que peut produire cet air quand l'écho des montagnes le répète; mais il est fait pour retentir dans l'éloignement; de près il ne cause pas une sensation très-agréable. S'il étoit chanté par des voix italiennes, l'imagination en seroit tout-à-fait enivrée; mais peut-être que ce plaisir feroit naître des idées étrangères à la simplicité du pays. On y souhaiteroit les arts, la poésie, l'amour, tandis qu'il faut pouvoir s'y contenter du repos et de la vie champêtre.

Le soir qui précéda la fête on alluma des feux sur les montagnes; c'est ainsi que jadis les libérateurs de la Suisse se donnèrent le signal de leur sainte conspiration. Ces feux placés sur les sommets ressembloient à la lune lorsqu'elle se lève derrière les montagnes, et qu'elle se montre à la fois ardente et paisible. On eût dit que des astres nouveaux venoient assister au plus touchant spectacle que notre monde puisse encore offrir. L'un de ces signaux enflammés sembloit placé dans le ciel, d'où il éclairoit les ruines du château d'Unspunnen, autrefois possédé par Berthold, le fondateur de Berne, en mémoire de qui se donnoit la fête. Des ténèbres profondes environnoient ce point lumineux, et les montagnes, qui pendant la nuit ressemblent à de grands fantômes, apparoissoient comme l'ombre gigantesque des morts qu'on vouloit célébrer.

Le jour de la fête le temps étoit doux, mais nébuleux; il falloit que la nature répondît à l'attendrissement de tous les cœurs. L'enceinte choisie pour les jeux est entourée de collines parse-

mées d'arbres, et des montagnes à perte de vue
sont derrière ces collines. Tous les spectateurs,
au nombre de près de six mille, s'assirent sur les
hauteurs en pente, et les couleurs variées des ha-
billements ressembloient dans l'éloignement à des
fleurs répandues sur la prairie. Jamais un aspect
plus riant ne put annoncer une fête; mais quand
les regards s'élevoient, des rochers suspendus sembloient, comme la destinée, menacer les humains
au milieu de leurs plaisirs. Cependant s'il est une
joie de l'âme assez pure pour ne pas provoquer
le sort, c'étoit celle-là.

Lorsque la foule des spectateurs fut réunie,
on entendit venir de loin la procession de la fête,
procession solennelle en effet, puisqu'elle étoit
consacrée au culte du passé. Une musique agréable l'accompagnoit; les magistrats paroissoient à
la tête des paysans, les jeunes paysannes étoient
vêtues selon le costume ancien et pittoresque de
chaque canton; les hallebardes et les bannières
de chaque vallée étoient portées en avant de la
marche par des hommes à cheveux blancs, ha-
billés précisément comme on l'étoit il y a cinq
siècles, lors de la conjuration de Rutli. Une émotion profonde s'emparoit de l'âme en voyant ces
drapeaux si pacifiques qui avoient pour gardiens

des vieillards. Le vieux temps étoit représenté par ces hommes âgés pour nous, mais si jeunes en présence des siècles! Je ne sais quel air de confiance dans tous ces êtres foibles touchoit profondément, parce que cette confiance ne leur étoit inspirée que par la loyauté de leur âme. Les yeux se remplissoient de larmes au milieu de la fête, comme dans ces jours heureux et mélancoliques où l'on célèbre la convalescence de ce qu'on aime.

Enfin les jeux commencèrent, et les hommes de la vallée et les hommes de la montagne montrèrent, en soulevant d'énomes poids, en luttant les uns contre les autres, une agilité et une force de corps très-remarquables. Cette force rendoit autrefois les nations plus militaires ; aujourd'hui que la tactique et l'artillerie disposent du sort des armées, on ne voit dans ces exercices que des jeux agricoles. La terre est mieux cultivée par des hommes aussi robustes; mais la guerre ne se fait qu'à l'aide de la discipline et du nombre, et les mouvements même de l'âme ont moins d'empire sur la destinée humaine depuis que les individus ont disparu dans les masses, et que le genre humain semble dirigé comme la nature inanimée par des lois mécaniques.

Après que les jeux furent terminés et que le bon bailli du lieu eut distribué les prix aux vainqueurs, on dîna sous des tentes, et l'on chanta des vers en l'honneur de la tranquille félicité des Suisses. On faisoit passer à la ronde pendant le repas des coupes en bois, sur lesquelles étoient sculptés Guillaume Tell et les trois fondateurs de la liberté helvétique. On buvoit avec transport au repos, à l'ordre, à l'indépendance; et le patriotisme du bonheur s'exprimoit avec une cordialité qui pénétroit toutes les âmes.

« Les prairies sont aussi fleuries que jadis, les
« montagnes aussi verdoyantes : quand toute la
« nature sourit, le cœur seul de l'homme pour-
« roit-il n'être qu'un désert (1). »

Non sans doute il ne l'étoit pas, il s'épanouissoit avec confiance au milieu de cette belle contrée, en présence de ces hommes respectables, animés tous par les sentiments les plus purs. Un paysan pauvre, d'une étendue très-bornée,

____

(1) Ces paroles étoient le refrain d'un chant plein de grâce et de talent, composé pour cette fête. L'auteur de ce chant c'est madame Harmès, très-connue par ses écrits sous le nom de madame de Berlepsch en Allemagne.

sans luxe, sans éclat, sans puissance, est chéri par ses habitants comme un ami qui cache ses vertus dans l'ombre et les consacre toutes au bonheur de ceux qui l'aiment. Depuis cinq siècles que dure la prospérité de la Suisse, on compte plutôt de sages générations que de grands hommes. Il n'y a point de place pour l'exception quand l'ensemble est aussi heureux. On diroit que les ancêtres de cette nation règnent encore au milieu d'elle : toujours elle les respecte, les imite, et les recommence. La simplicité des mœurs et l'attachement aux anciennes coutumes, la sagesse et l'uniformité dans la manière de vivre, rapprochent de nous le passé et nous rendent l'avenir présent. Une histoire, toujours la même, ne semble qu'un seul moment dont la durée est de plusieurs siècles.

La vie coule dans ces vallées comme les rivières qui les traversent ; ce sont des ondes nouvelles, mais qui suivent le même cours : puisse-t-il n'être point interrompu ! puisse la même fête être souvent célébrée au pied de ces mêmes montagnes ! L'étranger les admire comme une merveille, l'Helvétien les chérit comme un asile où les magistrats et les pères soignent ensemble les citoyens et les enfants.

SECONDE PARTIE.

LA LITTERATURE

ET LES ARTS.

CHAPITRE PREMIER.

Pourquoi les Français ne rendent-ils pas justice
à la littérature allemande?

Je pourrois répondre d'une manière fort simple
à cette question, en disant que très-peu de personnes en France savent l'allemand, et que les
beautés de cette langue, surtout en poésie, ne
peuvent être traduites en français. Les langues
teutoniques se traduisent facilement entre elles;

il en est de même des langues latines : mais celles-ci ne sauroient rendre la poésie des peuples germaniques. Une musique composée pour un instrument n'est point exécutée avec succès sur un instrument d'un autre genre. D'ailleurs la littérature allemande n'existe guère dans toute son originalité qu'à dater de quarante à cinquante ans ; et les Français, depuis vingt années, sont tellement préoccupés par les événemens politiques, que toutes leurs études en littérature ont été suspendues.

Ce seroit toutefois traiter bien superficiellement la question, que de s'en tenir à dire que les Français sont injustes envers la littérature allemande, parce qu'ils ne la connoissent pas : ils ont, il est vrai, des préjugés contre elle ; mais ces préjugés tiennent au sentiment confus des différences prononcées qui existent entre la manière de voir et de sentir des deux nations.

En Allemagne il n'y a de goût fixe sur rien, tout est indépendant, tout est individuel. L'on juge d'un ouvrage par l'impression qu'on en reçoit, et jamais par les règles, puisqu'il n'y en a point de généralement admises : chaque auteur est libre de se créer une sphère nouvelle. En France la plupart des lecteurs ne veulent jamais être émus, ni même s'amuser aux dépens de leur conscience littéraire : le scrupule s'est réfugié là. Un auteur allemand forme son public; en France le public commande aux auteurs. Comme on trouve en France un beaucoup plus grand nombre de gens d'esprit qu'en Allemagne, le public y est beaucoup plus imposant, tandis que les écrivains allemands, éminemment élevés au-dessus de leurs juges, les gouvernent au lieu d'en recevoir la loi. De là vient que ces écrivains ne se perfectionnent guère par la critique : l'impatience des lecteurs ou celle des spectateurs ne les oblige point à retrancher les longueurs de leurs ouvrages, et rarement ils s'arrêtent à temps, parce qu'un auteur, ne se lassant presque jamais de ses propres conceptions, ne peut être averti que par les autres du moment où elles cessent d'intéresser. Les Français pensent et vivent dans les autres, au moins sous le rapport de l'amour-propre; et l'on sent, dans la plupart de leurs ouvrages, que leur principal but n'est pas l'objet qu'ils traitent, mais l'effet qu'ils produisent. Les écrivains français sont toujours en société, alors même qu'ils composent; car ils ne perdent pas de vue les jugements, les moqueries et le goût à la mode, c'est-à-dire l'autorité littéraire sous laquelle on vit à telle ou telle époque.

La première condition pour écrire, c'est une manière de sentir vive et forte. Les personnes qui étudient dans les autres ce qu'elles doivent éprouver, et ce qu'il leur est permis de dire, littérairement parlant, n'existent pas. Sans doute nos écrivains de génie (et quelle nation en possède plus que la France!) ne se sont asservis qu'aux liens qui ne nuisoient pas à leur originalité : mais il faut comparer les deux pays en masse, et dans le temps actuel, pour connoître à quoi tient leur difficulté de s'entendre.

En France on ne lit guère un ouvrage que pour en parler; en Allemagne, où l'on vit presque seul, l'on veut que l'ouvrage même tienne compagnie; et quelle société de l'âme peut-on faire avec un livre qui ne seroit lui-même que l'écho de la société! Dans le silence de la retraite, rien ne semble plus triste que l'esprit du monde. L'homme solitaire a besoin qu'une émotion intime lui tienne lieu du mouvement extérieur qui lui manque.

La clarté passe en France pour l'un des premiers mérites d'un écrivain; car il s'agit avant tout de ne pas se donner de la peine, et d'attra-

per, en lisant le matin, ce qui fait briller le soir
en causant. Mais les Allemands savent que la
clarté ne peut jamais être qu'un mérite relatif:
un livre est clair selon le sujet et selon le lecteur.
Montesquieu ne peut être compris aussi facilement que Voltaire, et néanmoins il est aussi lucide
que l'objet de ses méditations le permet. Sans
doute il faut porter la lumière dans la profondeur;
mais ceux qui s'en tiennent aux grâces de l'esprit,
et au jeu des paroles, sont bien plus sûrs d'être
compris: ils n'approchent d'aucun mystère, comment donc seroient-ils obscurs? Les Allemands,
par un défaut opposé, se plaisent dans les ténèbres; souvent ils remettent dans la nuit ce qui
étoit au jour, plutôt que de suivre la route battue;
ils ont un tel dégoût pour les idées communes,
que, quand ils se trouvent dans la nécessité de les
retracer, ils les environnent d'une métaphysique
abstraite qui peut les faire croire nouvelles jusqu'à
ce qu'on les ait reconnues. Les écrivains allemands
ne se gênent point avec leurs lecteurs; leurs ouvrages étant reçus et commentés comme des oracles, ils peuvent les entourer d'autant de nuages
qu'il leur plaît; la patience ne manquera point
pour écarter ces nuages; mais il faut qu'à la fin
on aperçoive une divinité : car, ce que les Alle-

mands tolèrent le moins, c'est l'attente trompée; leurs efforts mêmes et leur persévérance leur rendent les grands résultats nécessaires. Dès qu'il n'y a pas dans un livre des pensées fortes et nouvelles, il est bien vite dédaigné, et si le talent fait tout pardonner, l'on n'apprécie guère les divers genres d'adresse par lesquels on peut essayer d'y suppléer.

La prose des Allemands est souvent trop négligée. L'on attache beaucoup plus d'importance au style en France qu'en Allemagne; c'est une suite naturelle de l'intérêt qu'on met à la parole, et du prix qu'elle doit avoir dans un pays où la société domine. Tous les hommes d'un peu d'esprit sont juges de la justesse et de la convenance de telle ou telle phrase, tandis qu'il faut beaucoup d'attention et d'étude pour saisir l'ensemble et l'enchaînement d'un ouvrage. D'ailleurs les expressions prêtent bien plus à la plaisanterie que les pensées, et dans tout ce qui tient aux mots l'on rit avant d'avoir réfléchi. Cependant la beauté du style n'est point, il faut en convenir, un avantage purement extérieur; car les sentiments vrais inspirent presque toujours les expressions les plus nobles et les plus justes, et s'il est permis d'être indulgent pour le style d'un écrit philosophique, on ne doit pas l'être pour celui d'une composition littéraire; dans la sphère des beaux-arts la forme appartient autant à l'âme que le sujet même.

L'art dramatique offre un exemple frappant des facultés distinctes des deux peuples. Tout ce qui se rapporte à l'action, à l'intrigue, à l'intérêt des événements, est mille fois mieux combiné, mille fois mieux conçu chez les Français; tout ce qui tient au développement des impressions du cœur, aux orages secrets des passions fortes, est beaucoup plus approfondi chez les Allemands.

Il faut, pour que les hommes supérieurs de l'un et de l'autre pays atteignent au plus haut point de perfection, que le Français soit religieux, et que l'Allemand soit un peu mondain. La piété s'oppose à la dissipation d'âme, qui est le défaut et la grâce de la nation française; la connoissance des hommes et de la société donneroit aux Allemands, en littérature, le goût et la dextérité qui leur manquent. Les écrivains des deux pays sont injustes les uns envers les autres : les Français cependant se rendent plus coupables à cet égard que les Allemands; ils jugent sans connoître, ou n'examinent qu'avec un parti pris : les Allemands sont plus impartiaux. L'étendue des connoissances fait passer sous les yeux tant de manières de voir diverses, qu'elle donne à l'esprit la tolérance qui naît de l'universalité.

Les Français gagneroient plus néanmoins à concevoir le génie allemand, que les Allemands à se soumettre au bon goût français. Toutes les fois que, de nos jours, on a pu faire entrer dans la régularité française un peu de sève étrangère, les Français y ont applaudi avec transport. J. J. Rousseau, Bernardin de Saint-Pierre, Château-briand, etc., dans quelques-uns de leurs ouvrages, sont tous, même à leur insçu, de l'école germanique, c'est-à-dire qu'ils ne puisent leur talent que dans le fond de leur âme. Mais si l'on vouloit discipliner les écrivains allemands d'après les lois prohibitives de la littérature française, ils ne sauroient comment naviguer au milieu des écueils qu'on leur auroit indiqués; ils regrette-roient la pleine mer, et leur esprit seroit plus troublé qu'éclairé. Il ne s'ensuit pas qu'ils doivent tout hasarder, et qu'ils ne feroient pas bien de s'imposer quelquefois des bornes; mais il leur importe de les placer d'après leur manière de voir. Il faut, pour leur faire adopter de certaines restrictions nécessaires, remonter au principe de ces restrictions, sans jamais employer l'autorité du ridicule, contre laquelle ils sont tout-à-fait révoltés.

Les hommes de génie de tous les pays sont faits pour se comprendre et pour s'estimer; mais le vulgaire des écrivains et des lecteurs allemands et français rappelle cette fable de La Fontaine où la cigogne ne peut manger dans le plat, ni le renard dans la bouteille. Le contraste le plus parfait se fait voir entre les esprits développés dans la solitude et ceux formés par la société. Les impressions du dehors et le recueillement de l'âme, la connoissance des hommes et l'étude des idées abstraites, l'action et la théorie donnent des résultats tout-à-fait opposés. La littérature, les arts, la philosophie, la religion des deux peuples attestent cette différence; et l'éternelle barrière du Rhin sépare deux régions intellectuelles qui, non moins que les deux contrées, sont étrangères l'une à l'autre.

CHAPITRE II.

Du jugement qu'on porte en Angleterre sur la littérature allemande.

———

La littérature allemande est beaucoup plus connue en Angleterre qu'en France. On y étudie davantage les langues étrangères, et les Allemands ont plus de rapports naturels avec les Anglais qu'avec les Français; cependant il y a des préjugés, même en Angleterre, contre la philosophie et la littérature des Allemands. Il peut être intéressant d'en examiner la cause.

Le goût de la société, le plaisir et l'intérêt de la conversation ne sont point ce qui forme les esprits en Angleterre : les affaires, le parlement, l'administration, remplissent toutes les têtes, et les intérêts politiques sont le principal objet des méditations. Les Anglais veulent à tout des résultats immédiatement applicables, et de là naissent leurs préventions contre une philosophie qui a pour objet le beau plutôt que l'utile.

Les Anglais ne séparent point, il est vrai, la dignité de l'utilité, et toujours ils sont prêts, quand il le faut, à sacrifier ce qui est utile à ce qui est honorable ; mais ils ne se prêtent pas volontiers, comme il est dit dans Hamlet, à ces *conversations avec l'air* dont les Allemands sont très-épris. La philosophie des Anglais est dirigée vers les résultats avantageux au bien-être de l'humanité. Les Allemands s'occupent de la vérité pour elle-même, sans penser au parti que les hommes peuvent en tirer. La nature de leurs gouvernements ne leur ayant point offert des occasions grandes et belles de mériter la gloire et de servir la patrie, ils s'attachent en tout genre à la contemplation, et cherchent dans le ciel l'espace que leur étroite destinée leur refuse sur la terre. Ils se plaisent dans l'idéal, parce qu'il n'y a rien dans l'état actuel des choses qui parle à leur imagination. Les Anglais s'honorent avec raison de tout ce qu'ils possèdent, de tout ce qu'ils sont, de tout ce qu'ils peuvent être ; ils placent leur imagination et leur amour sur leurs lois, leurs mœurs et leur culte. Ces nobles sentiments donnent à l'âme plus de force et d'énergie ; mais la pensée va peut-être encore plus loin quand elle n'a point de bornes ni même de but déterminé, et que, sans cesse en rapport avec l'immense et l'infini, aucun intérêt ne la ramène aux choses de ce monde.

Toutes les fois qu'une idée se consolide, c'est-à-dire qu'elle se change en institution, rien de mieux que d'en examiner attentivement les résultats et les conséquences, de la circonscrire et de la fixer : mais quand il s'agit d'une théorie, il faut la considérer en elle-même. Il n'est plus question de pratique, il n'est plus question d'utilité, et la recherche de la vérité dans la philosophie, comme l'imagination dans la poésie, doit être indépendante de toute entrave.

Les Allemands sont comme les éclaireurs de l'armée de l'esprit humain; ils essaient des routes nouvelles, ils tentent des moyens inconnus; comment ne seroit-on pas curieux de savoir ce qu'ils disent au retour de leurs excursions dans l'infini? Les Anglais, qui ont tant d'originalité dans le caractère, redoutent néanmoins assez généralement les nouveaux systèmes. La sagesse d'esprit leur a fait tant de bien dans les affaires de la vie, qu'ils aiment à la retrouver dans les études intellectuelles; et c'est là cependant que l'audace est inséparable du génie. Le génie, pourvu qu'il respecte la religion et la morale, doit aller aussi loin qu'il veut : c'est l'empire de la pensée qu'il agrandit.

La littérature, en Allemagne, est tellement empreinte de la philosophie dominante, que l'éloignement qu'on auroit pour l'une pourroit influer sur l'autre : cependant les Anglais, depuis quelque temps, traduisent avec plaisir les poëtes allemands, et ne méconnoissent point l'analogie qui doit résulter d'une même origine. Il y a plus de sensibilité dans la poésie anglaise et plus d'imagination dans la poésie allemande. Les affections domestiques exerçant un grand empire sur le cœur des Anglais, leur poésie se sent de la délicatesse et de la fixité de ces affections : les Allemands, plus indépendants en tout parce qu'ils sont moins libres, peignent les sentiments comme les idées à travers des nuages : on diroit que l'univers vacille devant leurs yeux, et l'incertitude même de leurs regards multiplie les objets dont leur talent peut se servir.

Le principe de la terreur, qui est un des grands moyens de la poésie allemande, a moins d'ascendant sur l'imagination des Anglais de nos jours ; ils décrivent la nature avec charme, mais elle n'agit plus sur eux comme une puissance redoutable qui renferme dans son sein les fantômes, les présages, et tient chez les modernes la même place que la destinée parmi les anciens. L'imagination, en Angleterre, est presque toujours inspirée par la sensibilité ; l'imagination des Allemands est quelquefois rude et bizarre : la religion de l'Angleterre est plus sévère, celle de l'Allemagne est plus vague ; et la poésie des nations doit nécessairement porter l'empreinte de leurs sentiments religieux. La convenance ne règne point dans les arts en Angleterre comme en France ; cependant l'opinion publique y a plus d'empire qu'en Allemagne, l'unité nationale en est la cause. Les Anglais veulent mettre d'accord en toutes choses les actions et les principes ; c'est un peuple sage et bien ordonné, qui a compris dans la sagesse la gloire, et dans l'ordre la liberté : les Allemands, n'ayant fait que rêver l'une et l'autre, ont examiné les idées indépendamment de leur application, et se sont ainsi nécessairement élevés plus haut en théorie.

Les littérateurs allemands actuels se montrent (ce qui doit paroître singulier) beaucoup plus opposés que les Anglais à l'introduction des réflexions philosophiques dans la poésie. Les premiers génies de la littérature anglaise, il est vrai,

Shakespear, Milton, Dryden dans ses odes, etc.,
sont des poëtes qui ne se livrent point à l'esprit de
raisonnement ; mais Pope et plusieurs autres
doivent être considérés comme didactiques et
moralistes. Les Allemands se sont refaits jeunes,
les Anglais sont devenus mûrs(1). Les Allemands
professent une doctrine qui tend à ranimer l'enthousiasme dans les arts comme dans la philosophie, et il faut les louer s'ils la maintiennent ; car
le siècle pèse aussi sur eux, et il n'en est point
où l'on soit plus enclin à dédaigner ce qui n'est
que beau ; il n'en est point où l'on répète plus
souvent cette question la plus vulgaire de toutes :
A quoi bon ?

---

(1) Les poëtes anglais de notre temps, sans s'être con-
certés avec les Allemands, ont adopté le même système. La
poésie didactique fait place aux fictions du moyen âge, aux
couleurs pourprées de l'orient ; le raisonnement et même
l'éloquence ne sauroient suffire à un art essentiellement
créateur.

CHAPITRE III.

Des principales époques de la littérature allemande,

La littérature allemande n'a point eu ce qu'on a coutume d'appeler un siècle d'or, c'est-à-dire une époque où les progrès des lettres sont encouragés par la protection des chefs de l'État. Léon X, en Italie, Louis XIV, en France, et dans les temps anciens Périclès et Auguste ont donné leur nom à leur siècle. On peut aussi considérer le règne de la reine Anne comme l'époque la plus brillante de la littérature anglaise : mais cette nation qui existe par elle-même n'a jamais dû ses grands hommes à ses rois. L'Allemagne étoit divisée; elle ne trouvoit dans l'Autriche aucun amour pour les lettres, et dans Frédéric II, qui étoit à lui seul toute la Prusse, aucun intérêt pour les écrivains allemands; les lettres en Allemagne n'ont donc jamais été réunies dans un centre , et n'ont point trouvé d'appui dans l'État. Peut-être la littérature a-t-elle dû à cet isolement comme à cette indépendance plus d'originalité et d'énergie.

« On a vu, dit Schiller, la poésie, dédaignée
« par le plus grand des fils de la patrie, par Fré-
« déric, s'éloigner du trône puissant qui ne la
« protégeroit pas ; mais elle osa se dire allemande ;
« mais elle se sentit fière de créer elle-même sa
« gloire. Les chants des bardes germains reten-
« tirent sur le sommet des montagnes, se préci-
« pitèrent comme un torrent dans les vallées ; le
« poëte indépendant ne reconnut pour loi que les
« impressions de son âme et pour souverain que
« son génie. »

Il a dû résulter cependant de ce que les hommes de lettres allemands n'ont point été encouragés par le gouvernement, que pendant long-temps ils ont fait des essais individuels dans les sens les plus opposés, et qu'ils sont arrivés tard à l'époque vraiment remarquable de leur littérature.

La langue allemande , depuis mille ans, a été cultivée d'abord par les moines, puis par les chevaliers, puis par les artisans, tels que Hans-Sachs, Sébastien Brand , et d'autres , à l'approche de la réformation, et dernièrement enfin par les savants, qui en ont fait un langage propre à toutes les subtilités de la pensée.

En examinant les ouvrages dont se compose la littérature allemande, on y retrouve, suivant le génie de l'auteur, les traces de ces différentes cultures, comme on voit dans les montagnes les couches des minéraux divers que les révolutions de la terre y ont apportés. Le style change presque entièrement de nature suivant l'écrivain, et les étrangers ont besoin de faire une nouvelle étude à chaque livre nouveau qu'ils veulent comprendre.

Les Allemands ont eu, comme la plupart des nations de l'Europe du temps de la chevalerie, des troubadours et des guerriers qui chantoient l'amour et les combats. On vient de retrouver un poëme épique intitulé *les Nibelungs*, et composé dans le treizième siècle. On y voit l'héroïsme et la fidélité qui distinguoient les hommes d'alors, lorsque tout étoit vrai, fort et décidé comme les couleurs primitives de la nature. L'allemand, dans ce poëme, est plus clair et plus simple qu'à présent, les idées générales ne s'y étoient point encore introduites, et l'on ne faisoit que raconter des traits de caractère. La nation germanique pouvoit être considérée alors comme la plus belliqueuse de toutes les nations européennes, et ses anciennes traditions ne parlent que de châteaux forts et de belles maîtresses pour lesquelles on donnoit sa vie. Lorsque Maximilien essaya plus tard de ranimer la chevalerie, l'esprit humain n'avoit plus cette tendance, et déjà commençoient les querelles religieuses qui tournent la pensée vers la métaphysique, et placent la force de l'âme dans les opinions plutôt que dans les exploits.

Luther perfectionna singulièrement sa langue, en la faisant servir aux discussions théologiques : sa traduction des Psaumes et de la Bible est encore un beau modèle. La vérité et la concision poétique qu'il donne à son style sont tout-à-fait conformes au génie de l'allemand, et le son même des mots a je ne sais quelle franchise énergique sur laquelle on se repose avec confiance. Les guerres politiques et religieuses, où les Allemands avoient le malheur de se combattre les uns les autres, détournèrent les esprits de la littérature : et quand on s'en occupa de nouveau, ce fut sous les auspices du siècle de Louis XIV, à l'époque où le désir d'imiter les Français s'empara de la plupart des cours et des écrivains de l'Europe.

Les ouvrages de Hagedorn, de Gellert, de Weiss, etc., n'étoient que du français appesanti ;

rien d'original, rien qui fût conforme au génie naturel de la nation. Ces auteurs vouloient atteindre à la grâce française sans que leur genre de vie ni leurs habitudes leur en donnassent l'inspiration; ils s'asservissoient à la règle sans avoir ni l'élégance, ni le goût qui peuvent donner de l'agrément à ce despotisme même. Une autre école succéda bientôt à l'école française, et ce fut dans la Suisse allemande qu'elle s'éleva; cette école étoit d'abord fondée sur l'imitation des écrivains anglais. Bodmer, appuyé par l'exemple du grand Haller, tâcha de démontrer que la littérature anglaise s'accordoit mieux avec le génie des Allemands que la littérature française. Gottsched, un savant sans goût et sans génie, combattit cette opinion. Il jaillit une grande lumière de la dispute de ces deux écoles. Quelques hommes alors commencèrent à se frayer une route par eux-mêmes. Klopstock tint le premier rang dans l'école anglaise, comme Wieland dans l'école française; mais Klopstock ouvrit une carrière nouvelle à ses successeurs, tandis que Wieland fut à la fois le premier et le dernier dans l'école française du dix-huitième siècle : le premier, parce que nul n'a pu dans ce genre s'égaler à lui; le dernier, parce qu'après lui les écrivains allemands suivirent une route tout-à-fait différente.

Comme il y a dans toutes les nations teutoniques des étincelles de ce feu sacré que le temps a recouvert de cendre, Klopstock, en imitant d'abord les Anglais, parvint à réveiller l'imagination et le caractère particulier des Allemands, et presqu'au même moment, Winckelmann dans les arts, Lessing dans la critique, et Goëthe dans la poésie, fondèrent une véritable école allemande, si toutefois on peut appeler de ce nom ce qui admet autant de différences qu'il y a d'individus et de talents divers. J'examinerai séparément la poésie, l'art dramatique, les romans et l'histoire; mais chaque homme de génie formant pour ainsi dire une école à part en Allemagne, il m'a semblé nécessaire de commencer par faire connoître les traits principaux qui distinguent chaque écrivain en particulier, et de caractériser personnellement les hommes de lettres les plus célèbres, avant d'analyser leurs ouvrages.

CHAPITRE IV.

Wieland.

DE tous les Allemands qui ont écrit dans le genre français, Wieland est le seul dont les ouvrages aient du génie, et quoiqu'il ait presque toujours imité les littératures étrangères, on ne peut méconnoître les grands services qu'il a rendus à sa propre littérature, en perfectionnant sa langue, en lui donnant une versification plus facile et plus harmonieuse.

Il y avoit, en Allemagne, une foule d'écrivains qui tâchoient de suivre les traces de la littérature française du siècle de Louis XIV. Wieland est le premier qui ait introduit avec succès celles du dix-huitième siècle. Dans ses écrits en prose il a quelques rapports avec Voltaire, et dans ses poésies, avec l'Arioste. Mais ces rapports, qui sont volontaires, n'empêchent pas que sa nature

au fond ne soit tout-à-fait allemande. Wieland
est infiniment plus instruit que Voltaire; il a étudié les anciens d'une façon plus érudite qu'aucun
poëte ne l'a fait en France. Les défauts, comme
les qualités de Wieland, ne lui permettent pas de
donner à ses écrits la grâce et la légèreté françaises.

Dans ses romans philosophiques, Agathon,
Peregrinus Protée, il arrive tout de suite à l'a-
nalyse, à la discussion, à la métaphisique; il se
fait un devoir d'y mêler ce qu'on appelle com-
munément *des fleurs*; mais l'on sent que son
penchant naturel seroit d'approfondir tous les sujets qu'il essaie de parcourir. Le sérieux et la
gaieté sont l'un et l'autre trop prononcés dans
les romans de Wieland pour être réunis; car, en
toute chose, les contrastes sont piquants, mais
les extrêmes opposés fatiguent.

Il faut, pour imiter Voltaire, une insouciance
moqueuse et philosophique qui rende indifférent
à tout, excepté à la manière piquante d'exprimer
cette insouciance. Jamais un Allemand ne peut
arriver à cette brillante plaisanterie; la vérité l'attache trop, il veut savoir et expliquer ce que les
choses sont; et lors même qu'il adopte des opinions condamnables, un repentir secret ralentit

sa marche malgré lui. La philosophie épicurienne ne convient pas à l'esprit des Allemands; ils donnent à cette philosophie un caractère dogmatique, tandis qu'elle n'est séduisante que lorsqu'elle se présente sous des formes légères : dès qu'on lui prête des principes, elle déplaît à tous également.

Les ouvrages de Wieland en vers ont beaucoup plus de grâce et d'originalité que ses écrits en prose : l'Obéron et les autres poëmes dont je parlerai à part sont pleins de charme et d'imagination. On a cependant reproché à Wieland d'avoir traité l'amour avec trop peu de sévérité, et il doit être ainsi jugé chez ces Germains qui respectent encore un peu les femmes à la manière de leurs ancêtres; mais quels qu'aient été les écarts d'imagination que Wieland se soit permis, on ne peut s'empêcher de reconnoître en lui une sensibilité véritable; il a souvent eu bonne ou mauvaise intention de plaisanter sur l'amour, mais une nature sérieuse l'empêche de s'y livrer hardiment; il ressemble à ce prophète qui bénit au lieu de maudire; il finit par s'attendrir, en commençant par l'ironie.

L'entretien de Wieland a beaucoup de charme, précisément parce que ses qualités naturelles sont en opposition avec sa philosophie. Ce désaccord peut lui nuire comme écrivain, mais rend sa société très-piquante : il est animé, enthousiaste, et comme tous les hommes de génie, jeune encore dans sa vieillesse ; et cependant il veut être sceptique, et s'impatiente quand on se sert de sa belle imagination, même pour le porter à la croyance. Naturellement bienveillant, il est néanmoins susceptible d'humeur ; quelquefois parce qu'il n'est pas content de lui, quelquefois parce qu'il n'est pas content des autres : il n'est pas content de lui, parce qu'il voudroit arriver à un degré de perfection dans la manière d'exprimer ses pensées, à laquelle les choses et les mots ne se prêtent pas ; il ne veut pas s'en tenir à ces à-peu-près qui conviennent mieux à l'art de causer que la perfection même : il est quelquefois mécontent des autres, parce que sa doctrine un peu relâchée et ses sentiments exaltés ne sont pas faciles à concilier ensemble. Il y a en lui un poëte allemand, et un philosophe français qui se fâchent alternativement l'un pour l'autre, mais ses colères cependant sont très-douces à supporter ; et sa conversation, remplie d'idées et de connoissances, serviroit de fonds à l'entretien de beaucoup d'hommes d'esprit en divers genres.

Les nouveaux écrivains, qui ont exclu de la littérature allemande toute influence étrangère, ont été souvent injustes envers Wieland : c'est lui dont les ouvrages, même dans la traduction, ont excité l'intérêt de toute l'Europe; c'est lui qui a fait servir la science de l'antiquité au charme de la littérature; c'est lui qui a donné, dans les vers, à sa langue féconde, mais rude, une flexibilité musicale et gracieuse; il est vrai cependant qu'il n'étoit pas avantageux à son pays que ses écrits eussent des imitateurs : l'originalité nationale vaut mieux, et l'on devoit, tout en reconnoissant Wieland pour un grand maître, souhaiter qu'il n'eût pas de disciples.

CHAPITRE V.

Klopstock.

IL y a eu en Allemagne beaucoup plus d'hommes remarquables dans l'école anglaise que dans l'école française. Parmi les écrivains formés par la littérature anglaise il faut compter d'abord cet admirable Haller, dont le génie poétique le servit si efficacement, comme savant, en lui inspirant plus d'enthousiasme pour la nature, et des vues plus générales sur ses phénomènes; Gessner, que l'on goûte en France, plus même qu'en Allemagne; Gleim, Ramler, etc., et avant eux tous Klopstock.

Son génie s'étoit enflammé par la lecture de Milton et de Young; mais c'est avec lui que l'école vraiment allemande a commencé. Il exprime d'une manière fort heureuse, dans une de ses odes, l'émulation des deux muses.

« J'ai vu..... Oh ! dites-moi, étoit-ce le pré-
« sent, ou contemplois-je l'avenir ? J'ai vu la
« muse de la Germanie entrer en lice avec la
« muse anglaise, s'élancer pleine d'ardeur à la
« victoire.

« Deux termes élevés à l'extrémité de la car-
« rière se distinguoient à peine, l'un ombragé de
« chênes, l'autre entouré de palmiers (1).

« Accoutumée à de tels combats, la muse
« d'Albion descendit fièrement dans l'arène; elle
« reconnut ce champ, qu'elle parcourut déjà dans
« sa lutte sublime avec le fils de Méon, avec le
« chantre du Capitole.

« Elle vit sa rivale, jeune, tremblante, mais
« son tremblement étoit noble : l'ardeur de la
« victoire coloroit son visage, et sa chevelure d'or
« flottoit sur ses épaules.

« Déjà, retenant à peine sa respiration pressée
« dans un sein ému, elle croyoit entendre la trom-
« pette, elle dévoroit l'arène, elle se penchoit
« vers le terme.

---

(1) Le chêne est l'emblème de la poésie patriotique, et
le palmier celui de la poésie religieuse qui vient de l'O-
rient.

« Fière d'une telle rivale, plus fière d'elle-même,
« la noble anglaise mesure d'un regard la fille de
« Thuiskon. Oui, je m'en souviens, dit-elle, dans
« les forêts de chênes, près des bardes antiques,
« ensemble nous naquîmes.

« Mais on m'avoit dit que tu n'étois plus. Par-
« donne, ô muse, si tu revis pour l'immortalité;
« pardonne-moi de ne l'apprendre qu'à cette
« heure..... Cependant je le saurai mieux au
« but.

« Il est là... le vois-tu dans ce lointain? par-
« delà le chêne, vois-tu les palmes, peux-tu dis-
« cerner la couronne? tu te tais... Oh! ce fier
« silence, ce courage contenu, ce regard de feu
« fixé sur la terre... je le connois.

« Cependant.... pense encore avant le dange-
« reux signal, pense.... n'est-ce pas moi qui déjà
« luttai contre la muse des Thermopyles, contre
« celle des Sept Collines?

« Elle dit: le moment décisif est venu, le héraut
« s'approche : O fille d'Albion, s'écria la muse de
« la Germanie, je t'aime, en t'admirant je t'aime...
« mais l'immortalité, les palmes me sont encore
« plus chères que toi. Saisis cette couronne, si
« ton génie le veut : mais qu'il me soit permis de
« la partager avec toi.

« Comme mon cœur bat.... Dieux immortels...
« si même j'arrivois plus tôt au but sublime....
« oh ! alors tu me suivras de près.... ton souffle
« agitera mes cheveux flottants.

« Tout à coup la trompette retentit, elles volent
« avec la rapidité de l'aigle, un nuage de poussière
« s'élève sur la vaste carrière ; je les vis près du
« chêne, mais le nuage s'épaissit, et bientôt je les
« perdis de vue. »

C'est ainsi que finit l'ode, et il y a de la grâce à
ne pas désigner le vainqueur.

Je renvoie au chapitre sur la poésie allemande
l'examen des ouvrages de Klopstock sous le point
de vue littéraire, et je me borne à les indiquer
maintenant comme des actions de sa vie. Tous
ses ouvrages ont eu pour but, ou de réveiller le
patriotisme dans son pays, ou de célébrer la religion : si la poésie avoit ses saints, Klopstock devroit être compté comme l'un des premiers.

La plupart de ses odes peuvent être considérées
comme des psaumes chrétiens, c'est le David du
Nouveau Testament que Klopstock ; mais ce qui
honore surtout son caractère, sans parler de son
génie, c'est l'hymne religieuse, sous la forme d'un
poëme épique, à laquelle il a consacré vingt années, *la Messiade*. Les chrétiens possédoient deux

poëmes, l'Enfer, du Dante, et le Paradis Perdu, de Milton : l'un étoit plein d'images et de fantômes, comme la religion extérieure des Italiens. Milton, qui avoit vécu au milieu des guerres civiles, excelloit surtout dans la peinture des caractères, et son Satan est un factieux gigantesque, armé contre la monarchie du ciel. Klopstock a conçu le sentiment chrétien dans toute sa pureté ; c'est au divin Sauveur des hommes que son âme a été consacrée. Les Pères de l'Église ont inspiré Le Dante ; la Bible, Milton : les plus grandes beautés du poëme de Klopstock sont puisées dans le Nouveau Testament ; il sait faire ressortir de la simplicité divine de l'Évangile un charme de poésie qui n'en altère point la pureté.

Lorsqu'on commence ce poëme, on croit entrer dans une grande église, au milieu de laquelle un orgue se fait entendre, et l'attendrissement, et le recueillement que les temples du Seigneur inspirent, s'emparent de l'âme en lisant la Messiade.

Klopstock se proposa, dès sa jeunesse, ce poëme pour but de son existence : il me semble que les hommes s'acquitteroient tous dignement envers la vie, si, dans un genre quelconque, un noble objet, une grande idée signaloient leur passage sur la terre ; et c'est déjà une preuve honorable de caractère, que diriger vers une même entreprise les rayons épars de ses facultés, et les résultats de ses travaux. De quelque manière qu'on juge les beautés et les défauts de la Messiade, on devroit en lire souvent quelques vers : la lecture entière de l'ouvrage peut fatiguer ; mais, chaque fois qu'on y revient, l'on respire comme un parfum de l'âme qui fait sentir de l'attrait pour toutes les choses célestes.

Après de longs travaux, après un grand nombre d'années, Klopstock enfin termina son poëme. Horace, Ovide, etc., ont exprimé de diverses manières le noble orgueil qui leur répondoit de la durée immortelle de leurs ouvrages : (1) *exegi monumentum ære perennius :* et, *nomenque erit indelebile nostrum.* Un sentiment d'une toute autre nature pénétra l'âme de Klopstock quand la Messiade fut achevée. Il l'exprime ainsi dans l'ode au Rédempteur, qui est à la fin de son poëme.

« Je l'espérois de toi, ô Médiateur céleste ! J'ai « chanté le cantique de la nouvelle alliance. La

---

(1) J'ai érigé un monument plus durable que l'airain... le souvenir de mon nom sera ineffaçable.

« redoutable carrière est parcourue, et tu m'as
« pardonné mes pas chancelants.

« Reconnoissance, sentiment éternel, brûlant,
« exalté, fais retentir les accords de ma harpe;
« hâte-toi; mon cœur est inondé de joie, et je verse
« des pleurs de ravissement.

« Je ne demande aucune récompense; n'ai-je
« pas déjà goûté les plaisirs des anges, puisque
« j'ai chanté mon Dieu? L'émotion pénétra mon
« âme jusque dans ses profondeurs, et ce qu'il y
« a de plus intime en mon être fut ébranlé.

« Le ciel et la terre disparurent à mes regards;
« mais bientôt l'orage se calma : le souffle de ma
« vie ressembloit à l'air pur et serein d'un jour de
« printemps.

« Ah! que je suis récompensé! n'ai-je pas vu
« couler les larmes des chrétiens? et dans un autre
« monde peut-être m'accueilleront-ils encore
« avec ces célestes larmes!

« J'ai senti aussi les joies humaines; mon
« cœur, je voudrois en vain te le cacher, mon
« cœur fut animé par l'ambition de la gloire : dans
« ma jeunesse, il battit pour elle; maintenant,
« il bat encore, mais d'un mouvement plus con-
« tenu.

« Ton apôtre n'a-t-il pas dit aux fidèles : *Que*

« *tout ce qui est vertueux et digne de louange*
« *soit l'objet de vos pensées!...* C'est cette flamme
« céleste que j'ai choisie pour guide, elle apparoît
« au-devant de mes pas, et montre à mon œil
« ambitieux une route plus sainte.

    « C'est par elle que le prestige des plaisirs ter-
« restres ne m'a point trompé : quand j'étois prêt
« à m'égarer, le souvenir des heures saintes où
« mon âme fut initiée, les douces voix des anges,
« leurs harpes, leurs concerts me rappelèrent à
« moi-même.

    « Je suis au but, oui j'y suis arrivé, et je tremble
« de bonheur; ainsi (pour parler humainement
« des choses célestes), ainsi nous serons émus,
« quand nous nous trouverons un jour auprès de
« celui qui mourut et ressuscita pour nous.

    « C'est mon Seigneur et mon Dieu dont la
« main puissante m'a conduit à ce but à travers
« les tombeaux ; il m'a donné la force et le
« courage contre la mort qui s'approchoit ; et
« des dangers inconnus, mais terribles, furent
« écartés du poëte, que protégeoit le bouclier
« céleste.

    « J'ai terminé le chant de la nouvelle alliance ;
« la redoutable carrière est parcourue. O Média-
« teur céleste, je l'espérois de toi. »

Ce mélange d'enthousiasme poétique et de confiance religieuse inspire l'admiration et l'attendrissement tout ensemble. Les talents s'adressoient jadis à des divinités de la fable. Klopstock les a consacrés, ces talents, à Dieu même; et, par l'heureuse union de la religion chrétienne et de la poésie, il montre aux Allemands comment ils peuvent avoir des beaux-arts qui leur appartiennent et ne relèvent pas seulement des anciens en vassaux imitateurs.

Ceux qui ont connu Klopstock le respectent autant qu'ils l'admirent. La religion, la liberté, l'amour, ont occupé toutes ses pensées; il professa la religion par l'accomplissement de tous ses devoirs; il abdiqua la cause même de la liberté, quand le sang innocent l'eut souillée, et la fidélité consacra les attachements de son cœur. Jamais il ne s'appuya de son imagination pour justifier aucun écart; elle exaltoit son âme sans l'égarer.

On dit que sa conversation étoit pleine d'esprit et même de goût; qu'il aimoit l'entretien des femmes, et surtout celui des françaises, et qu'il étoit bon juge de ce genre d'agréments que la pédanterie réprouve. Je le crois facilement, car il y a toujours quelque chose d'universel dans le génie, et peut-être même tient-il par des rapports secrets à la grâce, du moins à celle que donne la nature.

Combien un tel homme étoit loin de l'envie, de l'égoïsme, des fureurs de vanité, dont plusieurs écrivains se sont excusés au nom de leurs talents ! S'ils en avoient eu davantage, aucun de ces défauts ne les auroit agités. On est orgueilleux, irritable, étonné de soi-même, quand un peu d'esprit vient se mêler à la médiocrité du caractère ; mais le vrai génie inspire de la reconnoissance et de la modestie : car on sent qui l'a donné, et l'on sent aussi quelles bornes celui qui l'a donné y a mises.

On trouve, dans la seconde partie de la Messiade, un très-beau morceau sur la mort de Marie, sœur de Marthe et de Lazare, et désignée dans l'évangile comme l'image de la vertu contemplative. Lazare, qui a reçu de Jésus-Christ une seconde fois la vie, dit adieu à sa sœur avec un mélange de douleur et de confiance profondément sensible. Klopstock a fait des derniers moments de Marie le tableau de la mort du juste. Lorsqu'à son tour il étoit aussi sur son lit de mort, il répétoit d'une voix expirante ses vers sur Marie, il se les rappeloit à travers les ombres du cercueil, et les prononçoit tout bas pour s'ex-

horter lui-même à bien mourir : ainsi les sentiments exprimés par le jeune homme étoient
assez purs pour consoler le vieillard.

Ah ! qu'il est beau le talent, quand on ne l'a
jamais profané, quand il n'a servi qu'à révéler
aux hommes, sous la forme attrayante des beaux-
arts, les sentiments généreux et les espérances
religieuses obscurcies au fond de leur cœur !

Ce même chant de la mort de Marie fut lu à
la cérémonie funèbre de l'enterrement de Klopstock. Le poëte étoit vieux quand il cessa de
vivre ; mais l'homme vertueux saisissoit déjà les
palmes immortelles qui rajeunissent l'existence et
fleurissent sur les tombeaux. Tous les habitants
de Hambourg rendirent au patriarche de la littérature les honneurs qu'on n'accorde guère ailleurs
qu'au rang ou au pouvoir, et les mânes de Klopstock reçurent la récompense que méritoit sa
belle vie.

CHAPITRE VI.

Lessing et Winckelmann.

LA littérature allemande est peut-être la seule qui ait commencé par la critique; partout ailleurs la critique est venue après les chefs-d'œuvre; mais en Allemagne elle les a produits. L'époque où les lettres y ont eu le plus d'éclat est cause de cette différence. Diverses nations s'étant illustrées depuis plusieurs siècles dans l'art d'écrire, les Allemands arrivèrent après toutes les autres, et crurent n'avoir rien de mieux à faire que de suivre la route déjà tracée; il falloit donc que la critique écartât d'abord l'imitation pour faire place à l'originalité. Lessing écrivit en prose avec une netteté et une précision tout-à-fait nouvelles : la profondeur des pensées embarrasse souvent le style des écrivains de la nouvelle école; Lessing, non moins profond, avoit quelque chose d'âpre dans le caractère qui lui faisoit trouver les paroles les plus précises et les plus mordantes. Lessing étoit toujours animé dans ses écrits par un mouvement hostile contre les opinions qu'il attaquoit, et l'humeur donne du relief aux idées.

Il s'occupa tour à tour du théâtre, de la philosophie, des antiquités, de la théologie, poursuivant partout la vérité comme un chasseur qui trouve encore plus de plaisir dans la course que dans le but. Son style a quelque rapport avec la concision vive et brillante des Français; il tendoit à rendre l'allemand classique : les écrivains de la nouvelle école embrassent plus de pensées à la fois, mais Lessing doit être plus généralement admiré; c'est un esprit neuf et hardi et qui reste néanmoins à la portée du commun des hommes; sa manière de voir est allemande, sa manière de s'exprimer européenne. Dialecticien spirituel et serré dans ses arguments, l'enthousiasme pour le beau remplissoit cependant le fond de son âme; il avoit une ardeur sans flamme, une véhémence philosophique toujours active, et qui produisoit par des coups redoublés des effets durables.

Lessing analysa le théâtre français, alors généralement à la mode dans son pays, et prétendit

que le théâtre anglais avoit plus de rapports avec
le génie de ses compatriotes. Dans ses jugements
sur Mérope, Zaïre, Sémiramis et Rodogune, ce
n'est point telle ou telle invraisemblance particulière qu'il relève ; il s'attaque à la sincérité des
sentiments et des caractères, et prend à partie les
personnages de ces fictions comme des êtres réels:
sa critique est un traité sur le cœur humain autant qu'une poétique littéraire. Pour apprécier
avec justice les observations de Lessing sur le
système dramatique en général, il faut examiner,
comme nous le ferons dans les chapitres suivants,
les principales différences de la manière de voir
des Français et des Allemands à cet égard. Mais
ce qui importe à l'histoire de la littérature, c'est
qu'un Allemand ait eu le courage de critiquer
un grand écrivain français, et de plaisanter avec esprit le prince des moqueurs, Voltaire lui-même.

C'étoit beaucoup pour une nation sous le poids
de l'anathème qui lui refusoit le goût et la grâce,
de s'entendre dire qu'il existoit dans chaque pays
un goût national, une grâce naturelle, et que la
gloire littéraire pouvoit s'acquérir par des chemins divers. Les écrits de Lessing donnèrent une
impulsion nouvelle ; on lut Shakespear, on osa
se dire Allemand en Allemagne, et les droits de

l'originalité s'établirent à la place du joug de la correction.

Lessing a composé des pièces de théâtre et des ouvrages philosophiques qui méritent d'être examinés à part; il faut toujours considérer les auteurs allemands sous plusieurs points de vue. Comme ils sont encore plus distingués par la faculté de penser que par le talent, ils ne se vouent point exclusivement à tel ou tel genre; la réflexion les attire successivement dans des carrières différentes.

Parmi les écrits de Lessing, l'un des plus remarquables, c'est le Laocoon; il caractérise les sujets qui conviennent à la poésie et à la peinture avec autant de philosophie dans les principes que de sagacité dans les exemples: toutefois l'homme qui fit une véritable révolution en Allemagne dans la manière de considérer les arts, et par les arts la littérature, c'est Winckelmann. Je parlerai de lui ailleurs sous le rapport de son influence sur les arts; mais la beauté de son style est telle qu'il doit être mis au premier rang des écrivains allemands.

Cet homme, qui n'avoit connu d'abord l'antiquité que par les livres, voulut aller considérer ses nobles restes; il se sentit attiré vers le midi avec ardeur. On retrouve encore souvent dans les imaginations allemandes quelques traces de cet amour du soleil, de cette fatigue du nord qui entraîna les peuples septentrionaux dans les contrées méridionales. Un beau ciel fait naître des sentiments semblables à l'amour de la patrie. Quand Winckelmann, après un long séjour en Italie, revint en Allemagne, l'aspect de la neige, des toits pointus qu'elle couvre, et des maisons enfumées, le remplissoit de tristesse. Il lui sembloit qu'il ne pouvoit plus goûter les arts, quand il ne respiroit plus l'air qui les a fait naître. Quelle éloquence contemplative dans ce qu'il écrit sur l'Apollon du Belvédère, sur le Laocoon! Son style est calme et majestueux comme l'objet qu'il considère. Il donne à l'art d'écrire l'imposante dignité des monuments, et sa description produit la même sensation que la statue. Nul avant lui n'avoit réuni des observations exactes et profondes à une admiration si pleine de vie; c'est ainsi seulement qu'on peut comprendre les beaux-arts. Il faut que l'attention qu'ils excitent vienne de l'amour, et qu'on découvre dans les chefs-d'œuvre du talent, comme dans les traits d'un être chéri, mille charmes révélés par les sentiments qu'ils inspirent.

Des poëtes, avant Winckelmann, avoient étudié les tragédies des Grecs pour les adapter à nos théâtres. On connoissoit des érudits qu'on pouvoit consulter comme des livres; mais personne ne s'étoit fait pour ainsi dire un païen pour pénétrer l'antiquité. Winckelmann a les défauts et les avantages d'un Grec amateur des arts; et l'on sent, dans ses écrits, le culte de la beauté, tel qu'il existoit chez un peuple où si souvent elle obtint les honneurs de l'apothéose.

L'imagination et l'érudition prêtoient également à Winckelmann leurs différentes lumières; on étoit persuadé jusqu'à lui qu'elles s'excluoient mutuellement. Il a fait voir que, pour deviner les anciens, l'une étoit aussi nécessaire que l'autre. On ne peut donner de la vie aux objets de l'art que par la connoissance intime du pays et de l'époque dans laquelle ils ont existé. Les traits vagues ne captivent point l'intérêt. Pour animer les récits et les fictions dont les siècles passés sont le théâtre, il faut que l'érudition même seconde l'imagination et la rende, s'il est possible, témoin de ce qu'elle doit peindre, et contemporaine de ce qu'elle raconte.

Zadig devinoit, par quelques traces confuses, par quelques mots à demi déchirés, des circons-

tances qu'il déduisoit toutes des plus légers in-
dices. C'est ainsi qu'il faut prendre l'érudition
pour guide à travers l'antiquité ; les vestiges qu'on
aperçoit sont interrompus, effacés, difficiles à
saisir : mais, en s'aidant à la fois de l'imagination
et de l'étude, on recompose le temps, et l'on refait
la vie.

Quand les tribunaux sont appelés à décider sur
l'existence d'un fait, c'est quelquefois une légère
circonstance qui les éclaire. L'imagination est, à
cet égard, comme un juge ; un mot, un usage,
une allusion saisie dans les ouvrages des anciens,
lui sert de lueur pour arriver à la connoissance
de la vérité toute entière.

Winckelmann sut appliquer à l'examen des
monuments des arts l'esprit de jugement qui sert
à la connoissance des hommes ; il étudie la physionomie d'une statue comme celle d'un être
vivant. Il saisit avec une grande justesse les moindres observations, dont il sait tirer des conclu-
sions frappantes. Telle physionimie, tel attribut,
tel vêtement, peut tout à coup jeter un jour inat-
tendu sur de longues recherches. Les cheveux de
Cérès sont relevés avec un désordre qui ne convient pas à Minerve : la perte de Proserpine a
pour jamais troublé l'âme de sa mère. Minos,

fils et disciple de Jupiter, a, dans les médailles, les mêmes traits que son père; cependant la majesté calme de l'un et l'expression sévère de l'autre distinguent le souverain des dieux du juge des hommes. Le torse est un fragment de la statue d'Hercule divinisé, de celui qui reçoit d'Hébé la coupe de l'immortalité, tandis que l'Hercule Farnèse ne possède encore que les attributs d'un mortel; chaque contour du torse, aussi énergique, mais plus arrondi, caractérise encore la force du héros, mais du héros qui, placé dans le ciel, est désormais absous des rudes travaux de la terre. Tout est symbolique dans les arts, et la nature sous mille apparences diverses dans ces statues, dans ces tableaux, dans ces poésies, où l'immortalité doit indiquer le mouvement, où l'extérieur doit révéler le fond de l'âme, où l'existence d'un instant doit être éternisée.

Winckelmann a banni des beaux-arts, en Europe, le mélange du goût antique et du goût moderne. En Allemagne, son influence s'est encore plus montrée dans la littérature que dans les arts. Nous serons conduits à examiner par la suite si l'imitation scrupuleuse des anciens est compatible avec l'originalité naturelle, ou plutôt si nous devons sacrifier cette originalité naturelle pour nous astreindre à choisir des sujets dans lesquels la poésie, comme la peinture, n'ayant pour modèle rien de vivant, ne peuvent représenter que des statues ; mais cette discussion est étrangère au mérite de Winckelmann : il a fait connoître en quoi consistoit le goût antique dans les beaux-arts ; c'étoit aux modernes à sentir ce qu'il leur convenoit d'adopter ou de rejeter à cet égard. Lorsqu'un homme de talent parvient à manifester les secrets d'une nature antique ou étrangère, il rend service par l'impulsion qu'il trace : l'émotion reçue doit se transformer en nous-mêmes : et plus cette émotion est vraie, moins elle inspire une servile imitation.

Winckelmann a développé les vrais principes admis maintenant dans les arts sur l'idéal, sur cette nature perfectionnée dont le type est dans notre imagination, et non au dehors de nous. L'application de ces principes à la littérature est singulièrement féconde.

La poétique de tous les arts est rassemblée sous un même point de vue dans les écrits de Winckelmann, et tous y ont gagné. On a mieux compris la poésie par la sculpture, la sculpture par la poésie, et l'on a été conduit par les arts des Grecs à leur philosophie. La métaphysique idéaliste, chez les Allemands comme chez les Grecs, a pour origine le culte de la beauté par excellence, que notre âme seule peut concevoir et reconnoître ; c'est un souvenir du ciel, notre ancienne patrie, que cette beauté merveilleuse ; les chefs-d'œuvre de Phidias, les tragédies de Sophocle et la doctrine de Platon s'accordent pour nous en donner la même idée sous des formes différentes.

CHAPITRE VII.

Goethe.

————

Ce qui manquoit à Klopstock, c'étoit une imagination créatrice : il mettoit de grandes pensées et de nobles sentiments en beaux vers; mais il n'étoit pas ce qu'on peut appeler artiste. Ses inventions sont foibles, et les couleurs dont il les revêt n'ont presque jamais cette plénitude de force qu'on aime à rencontrer dans la poésie et dans tous les arts qui devoient donner à la fiction l'énergie et l'originalité de la nature. Klopstock s'égare dans l'idéal : Goethe ne perd jamais terre, tout en atteignant aux conceptions les plus sublimes. Il y a dans son esprit une vigueur que la sensibilité n'a point affoiblie. Goethe pourroit représenter la littérature allemande toute entière, non qu'il n'y ait d'autres écrivains supérieurs à lui, sous quelques rapports; mais seul il réunit tout ce qui distingue l'esprit allemand, et nul n'est aussi remarquable par un genre d'imagination dont les Italiens, les Anglais ni les Français ne peuvent réclamer aucune part.

Goethe ayant écrit dans tous les genres, l'examen de ses ouvrages remplira la plus grande partie des chapitres suivants ; mais la connoissance personnelle de l'homme qui a le plus influé sur la littérature de son pays sert, ce me semble, à mieux comprendre cette littérature.

Goethe est un homme d'un esprit prodigieux en conversation ; et, l'on a beau dire, l'esprit doit savoir causer. On peut présenter quelques exemples d'hommes de génie taciturnes : la timidité, le malheur, le dédain ou l'ennui en sont souvent la cause ; mais en général l'étendue des idées et la chaleur de l'âme doivent inspirer le besoin de se communiquer aux autres ; et ces hommes, qui ne veulent pas être jugés par ce qu'ils disent, pourroient bien ne pas mériter plus d'intérêt pour ce qu'ils pensent. Quand on sait faire parler Goethe, il est admirable ; son éloquence est nourrie de pensées ; sa plaisanterie est en même temps pleine de grâce et de philosophie ; son imagination est frappée par les objets extérieurs, comme l'étoit celle des artistes chez les anciens; et néanmoins sa raison n'a que trop la maturité de notre temps. Rien ne trouble la force de sa tête, et les inconvénients même de son caractère, l'humeur, l'embarras, la contrainte, passent comme des nuages au bas de la montagne sur le sommet de laquelle son génie est placé.

Ce qu'on nous raconte de l'entretien de Diderot pourroit donner quelque idée de celui de Goethe; mais, si l'on en juge par les écrits de Diderot, la distance doit être infinie entre ces deux hommes. Diderot est sous le joug de son esprit; Goethe domine même son talent : Diderot est affecté à force de vouloir faire effet; on aperçoit le dédain du succès dans Goethe à un degré qui plaît singulièrement, alors même qu'on s'impatiente de sa négligence. Diderot a besoin de suppléer, à force de philantropie, aux sentiments religieux qui lui manquent; Goethe seroit plus volontiers amer que doucereux; mais ce qu'il est avant tout, c'est naturel; et sans cette qualité, en effet, qu'y a-t-il dans un homme qui puisse en intéresser un autre?

Goethe n'a plus cette ardeur entraînante qui lui inspira Werther; mais la chaleur de ses pensées suffit encore pour tout animer. On diroit qu'il n'est pas atteint par la vie, et qu'il la décrit seulement en peintre : il attache plus de prix maintenant aux tableaux qu'il nous présente qu'aux émotions qu'il éprouve ; le temps l'a rendu spectateur. Quand il avoit encore une part active dans les scènes des passions, quand il souffroit lui-même par le cœur, ses écrits produisoient une impression plus vive.

Comme on se fait toujours la poétique de son talent, Goethe soutient à présent qu'il faut que l'auteur soit calme, alors même qu'il compose un ouvrage passionné, et que l'artiste doit conserver son sang-froid pour agir plus fortement sur l'imagination de ses lecteurs : peut-être n'auroit-il pas eu cette opinion dans sa première jeunesse ; peut-être alors étoit-il possédé par son génie, au lieu d'en être le maître ; peut-être sentoit-il alors que le sublime et le divin étant momentanés dans le cœur de l'homme, le poëte est inférieur à l'inspiration qui l'anime, et ne peut la juger sans la perdre.

Au premier moment on s'étonne de trouver de la froideur et même quelque chose de roide à l'auteur de Werther ; mais quand on obtient de lui qu'il se mette à l'aise, le mouvement de son imagination fait disparoître en entier la gêne qu'on a d'abord sentie : c'est un homme dont l'esprit est universel; car il n'y a point d'indifférence dans son impartialité : c'est une double existence, une double force, une double lumière qui éclaire à la fois dans toute chose les deux côtés de la question. Quand il s'agit de penser, rien ne l'arrête, ni son siècle, ni ses habitudes, ni ses relations; il fait tomber à plomb son regard d'aigle sur les objets qu'il observe : s'il avoit eu une carrière politique, si son âme s'étoit développée par les actions, son caractère seroit plus décidé, plus ferme, plus patriote; mais son esprit ne planeroit pas si librement sur toutes les manières de voir; les passions ou les intérêts lui traceroient une route positive.

Goethe se plaît, dans ses écrits comme dans ses discours, à briser les fils qu'il a tissus lui-même, à déjouer les émotions qu'il excite, à renverser les statues qu'il a fait admirer. Lorsque dans ses fictions il inspire de l'intérêt pour un caractère, bientôt il montre les inconséquences qui doivent en détacher. Il dispose du monde poétique comme un conquérant du monde réel, et se croit assez fort pour introduire comme la nature le génie destructeur dans ses propres ouvrages. S'il n'étoit pas un homme estimable, on auroit peur d'un genre de supériorité qui s'élève au-dessus de tout, dégrade et relève, attendrit et persifle, affirme et doute alternativement, et toujours avec le même succès.

J'ai dit que Goethe possédoit à lui seul les traits principaux du génie allemand, on les trouve tous en lui à un degré éminent : une grande profondeur d'idées, la grâce qui naît de l'imagination, grâce plus originale que celle formée par l'esprit de société ; enfin une sensibilité quelquefois fantastique, mais par cela même plus faite pour intéresser des lecteurs qui cherchent dans les livres de quoi varier leur destinée monotone, et veulent que la poésie leur tienne lieu d'événements véritables. Si Goethe étoit Français, on le feroit parler du matin au soir : tous les auteurs contemporains de Diderot alloient puiser des idées dans son entretien, et lui donnoient une jouissance habituelle par l'admiration qu'il inspiroit. En Allemagne on ne sait pas dépenser son talent dans la conversation, et si peu de gens, même parmi les plus distingués, ont l'habitude d'interroger et de répondre, que la société n'y compte pour presque rien ; mais l'influence de Goethe n'en est pas moins extraordinaire. Il y a une foule d'hommes en Allemagne qui croiroient trouver du génie dans l'adresse d'une lettre, si c'étoit lui qui l'avoit mise. L'admiration pour

Goethe est une espèce de confrérie dont les mots de ralliement servent à faire connoître les adeptes les uns aux autres. Quand les étrangers veulent aussi l'admirer, ils sont rejetés avec dédain, si quelques restrictions laissent supposer qu'ils se sont permis d'examiner des ouvrages qui gagnent cependant beaucoup à l'examen. Un homme ne peut exciter un tel fanatisme sans avoir de grandes facultés pour le bien et pour le mal; car il n'y a que la puissance dans quelque genre que ce soit que les hommes craignent assez pour l'aimer de cette manière.

CHAPITRE VIII.

Schiller.

———

Schiller étoit un homme d'un génie rare et d'une bonne foi parfaite; ces deux qualités devroient être inséparables au moins dans un homme de lettres. La pensée ne peut être mise à l'égal de l'action que quand elle réveille en nous l'image de la vérité; le mensonge est plus dégoûtant encore dans les écrits que dans la conduite. Les actions, même trompeuses, restent encore des actions, et l'on sait à quoi se prendre pour les juger ou pour les haïr; mais les ouvrages ne sont qu'un amas fastidieux de vaines paroles, quand ils ne partent pas d'une conviction sincère.

Il n'y a pas une plus belle carrière que celle des lettres, quand on la suit comme Schiller. Il est vrai qu'il y a tant de sérieux et de loyauté dans tout en Allemagne, que c'est là seulement qu'on peut connoître d'une manière complète le caractère et les devoirs de chaque vocation. Néanmoins Schiller étoit admirable entre tous par ses vertus autant que par ses talents. La conscience étoit sa muse : celle-là n'a pas besoin d'être invoquée, car on l'entend toujours quand on l'écoute une fois. Il aimoit la poésie, l'art dramatique, l'histoire, la littérature pour elle même. Il auroit été résolu à ne point publier ses ouvrages qu'il y auroit donné le même soin ; et jamais aucune considération tirée, ni du succès, ni de la mode, ni des préjugés, ni de tout ce qui vient des autres enfin, n'auroit pu lui faire altérer ses écrits ; car ses écrits étoient lui, ils exprimoient son âme, et il ne concevoit pas la possibilité de changer une expression, si le sentiment intérieur qui l'inspiroit n'étoit pas changé. Sans doute Schiller ne pouvoit pas être exempt d'amour-propre. S'il en faut pour aimer la gloire, il en faut même pour être capable d'une activité quelconque ; mais rien ne diffère autant dans ses conséquences que la vanité et l'amour de la gloire ; l'une tâche d'escamoter le succès, l'autre veut le conquérir ; l'une est inquiète d'elle-même et ruse avec l'opinon, l'autre ne compte que sur la nature et s'y fie pour tout soumettre. Enfin, au-dessus même de l'amour de la gloire il y a encore un sentiment plus pur, l'amour de la vérité, qui fait des hommes de lettres comme les prêtres guerriers d'une noble cause; ce sont eux qui désormais doivent garder le feu sacré : car de foibles femmes ne suffiroient plus comme jadis pour le défendre.

C'est une belle chose que l'innocence, dans le génie, et la candeur dans la force. Ce qui nuit à l'idée qu'on se fait de la bonté, c'est qu'on la croit de la foiblesse; mais quand elle est unie au plus haut degré de lumières et d'énergie, elle nous fait comprendre comment la Bible a pu nous dire que Dieu fit l'homme à son image. Schiller s'étoit fait tort à son entrée dans le monde par des égarements d'imagination; mais avec la force de l'âge il reprit cette pureté sublime qui naît des hautes pensées. Jamais il n'entroit en négociation avec les mauvais sentiments. Il vivoit, il parloit, il agissoit comme si les méchants n'existoient pas; et quand il les peignoit dans ses ouvrages, c'étoit avec plus d'exagération et moins de profondeur que s'il les avoit vraiment connus. Les méchants s'offroient à son imagination comme un obstacle, comme un fléau physique, et peut-être en effet qu'à beaucoup d'égards ils n'ont pas une nature intellectuelle ; l'habitude du vice a changé leur âme en un instinct perverti.

Schiller étoit le meilleur ami, le meilleur père, le meilleur époux ; aucune qualité ne manquoit à ce caractère doux et paisible que le talent seul enflammoit ; l'amour de la liberté, le respect pour les femmes, l'enthousiasme des beaux-arts, l'adoration pour la divinité, animoient son génie, et dans l'analyse de ses ouvrages il sera facile de montrer à quelle vertu ses chefs-d'œuvre se rapportent. On dit beaucoup que l'esprit peut suppléer à tout ; je le crois, dans les écrits où le savoir-faire domine ; mais quand on veut peindre la nature humaine dans ses orages et dans ses abîmes, l'imagination même ne suffit pas ; il faut avoir une âme que la tempête ait agitée, mais où le ciel soit descendu pour ramener le calme.

La première fois que j'ai vu Schiller c'étoit dans le salon du duc et de la duchesse de Weimar, en présence d'une société aussi éclairée qu'imposante : il lisoit très-bien le français, mais il ne l'avoit jamais parlé. Je soutins avec chaleur la supériorité de notre système dramatique sur tous les autres. Il ne se refusa point à me combattre ; et sans s'inquiéter des difficultés et des lenteurs qu'il éprouvoit en s'exprimant en français, sans redouter non plus l'opinion des auditeurs, qui étoit contraire à la sienne, sa conviction intime le fit parler. Je me servis d'abord, pour le réfuter, des armes françaises, la vivacité et la plaisanterie; mais bientôt je démêlai dans ce que disoit Schiller tant d'idées à travers l'obstacle des mots, je fus si frappée de cette simplicité de caractère qui portoit un homme de génie à s'engager ainsi dans une lutte où les paroles manquoient à ses pensées, je le trouvai si modeste et si insouciant dans ce qui ne concernoit que ses propres succès, si fier et si animé dans la défense de ce qu'il croyoit la vérité, que je lui vouai dès cet instant une amitié pleine d'admiration.

Atteint, jeune encore, par une maladie sans espoir, ses enfants, sa femme, qui méritoit par mille qualités touchantes l'attachement qu'il avoit pour elle, ont adouci ses derniers moments. Madame de Wollzogen, une amie digne de le comprendre, lui demanda, quelques heures avant sa mort, comment il se trouvoit: *Toujours plus tranquille*, lui répondit-il. En effet, n'avoit-il pas raison de se confier à la divinité dont il avoit secondé le règne sur la terre? N'approchoit-il pas du séjour des justes? N'est-il pas dans ce moment auprès de ses pareils, et n'a-t-il pas déjà retrouvé les amis qui nous attendent?

CHAPITRE IX.

Du style et de la versification dans la langue allemande.

En apprenant la prosodie d'une langue, on entre plus intimement dans l'esprit de la nation qui la parle que par quelque genre d'étude que ce puisse être. De là vient qu'il est amusant de prononcer des mots étrangers : on s'écoute comme si c'étoit un autre qui parlât ; mais il n'y a rien de si délicat, de si difficile à saisir que l'accent : on apprend mille fois plus aisément les airs de musique les plus compliqués que la prononciation d'une seule syllabe. Une longue suite d'années, ou les premières impressions de l'enfance, peuvent seules rendre capable d'imiter cette prononciation, qui appartient à ce qu'il y a de plus subtil et de plus indéfinissable dans l'imagination et dans le caractère national.

Les dialectes germaniques ont pour origine une langue mère, dans laquelle ils puisent tous. Cette source commune renouvelle et multiplie les expressions d'une façon toujours conforme au génie des peuples. Les nations d'origine latine ne s'enrichissent pour ainsi dire que par l'extérieur; elles doivent avoir recours aux langues mortes, aux richesses pétrifiées pour étendre leur empire. Il est donc naturel que les innovations en fait de mots leur plaisent moins qu'aux nations qui font sortir les rejetons d'une tige toujours vivante. Mais les écrivains français ont besoin d'animer et de colorer leur style par toutes les hardiesses qu'un sentiment naturel peut leur inspirer, tandis que les Allemands, au contraire, gagnent à se restreindre. La réserve ne sauroit détruire en eux l'originalité; ils ne courent risque de la perdre que par l'excès même de l'abondance.

L'air que l'on respire a beaucoup d'influence sur les sons que l'on articule : la diversité du sol et du climat produit dans la même langue des manières de prononcer très-différentes. Quand on se rapproche de la mer, les mots s'adoucissent; le climat y est tempéré; peut-être aussi que le spectacle habituel de cette image de l'infini porte à la rêverie et donne à la prononciation plus de mollesse et d'indolence : mais quand on s'élève vers les montagnes, l'accent devient plus fort, et l'on diroit que les habitants de ces lieux élevés veulent se faire entendre au reste du monde du haut de leurs tribunes naturelles. On retrouve dans les dialectes germaniques les traces des diverses influences que je viens d'indiquer.

L'allemand est en lui-même une langue aussi primitive et d'une construction presque aussi savante que le grec. Ceux qui ont fait des recherches sur les grandes familles des peuples ont cru trouver les raisons historiques de cette ressemblance : toujours est-il vrai qu'on remarque dans l'allemand un rapport grammatical avec le grec; il en a la difficulté sans en avoir le charme ; car la multitude des consonnes dont les mots sont composés les rendent plus bruyants que sonores. On diroit que ces mots sont par eux-mêmes plus forts que ce qu'ils expriment, et cela donne souvent une monotonie d'énergie au style. Il faut se garder cependant de vouloir trop adoucir la prononciation allemande : il en résulte un certain gracieux maniéré tout-à-fait désagréable : on entend des sons rudes au fond, malgré la gentillesse qu'on essaie d'y mettre, et ce genre d'affectation déplaît singulièrement.

J. J. Rousseau a dit *que les langues du midi étoient filles de la joie, et les langues du nord, du besoin.* L'italien et l'espagnol sont modulés comme un chant harmonieux ; le français est éminemment propre à la conversation ; les débats parlementaires et l'énergie naturelle à la nation ont donné à l'anglais quelque chose d'expressif qui supplée à la prosodie de la langue. L'allemand est plus philosophique de beaucoup que l'italien, plus poétique par sa hardiesse que le français, plus favorable au rhythme des vers que l'anglais : mais il lui reste encore une sorte de roideur qui vient peut-être de ce qu'on ne s'en est guère servi ni dans la société ni en public.

La simplicité grammaticale est un des grands avantages des langues modernes ; cette simplicité, fondée sur des principes de logique communs à toutes les nations, rend très-facile de s'entendre ; une étude très-légère suffit pour apprendre l'italien et l'anglais ; mais c'est une science que l'allemand. La période allemande entoure la pensée comme des serres qui s'ouvrent et se referment pour la saisir. Une construction de phrases à peu près telle qu'elle existe chez les anciens s'y est introduite plus facilement que dans aucun autre dialecte européen ; mais les inversions ne conviennent guère aux langues modernes. Les terminaisons éclatantes des mots grecs et latins faisoient sentir quels étoient parmi les mots ceux qui devoient se joindre ensemble, lors même qu'ils étoient séparés : les signes des déclinaisons chez les Allemands sont tellement sourds qu'on a beaucoup de peine à retrouver les paroles qui dépendent les unes des autres sous ces uniformes couleurs.

Lorsque les étrangers se plaignent du travail qu'exige l'étude de l'allemand, on leur répond qu'il est très-facile d'écrire dans cette langue avec la simplicité de la grammaire française, tandis qu'il est impossible en français d'adopter la période allemande, et qu'ainsi donc il faut la considérer comme un moyen de plus ; mais ce moyen séduit les écrivains, et ils en usent trop. L'allemand est peut-être la seule langue dans laquelle les vers soient plus faciles à comprendre que la prose, la phrase poétique, étant nécessairement coupée par la mesure même du vers, ne sauroit se prolonger au-delà.

Sans donte il y a plus de nuances, plus de liens entre les pensées dans ces périodes qui forment un tout et rassemblent sous un même point de vue les divers rapports qui tiennent au même sujet ; mais, si l'on se laissoit aller à l'enchaînement naturel des différentes pensées entre elles, on finiroit par vouloir les mettre toutes dans une même phrase. L'esprit humain a besoin de morceler pour comprendre ; et l'on risque de prendre des lueurs pour des vérités quand les formes mêmes du langage sont obscures.

L'art de traduire est poussé plus loin en allemand que dans aucun autre dialecte européen. Voss a transporté dans sa langue les poëtes grecs et latins avec une étonnante exactitude, et W. Schlegel les poëtes anglais, italiens et espagnols, avec une vérité de coloris dont il n'y avoit point d'exemple avant lui. Lorsque l'allemand se prête à la traduction de l'anglais, il ne perd pas son caractère naturel, puisque ces langues sont toutes deux d'origine germanique ; mais quelque mérite qu'il y ait dans la traduction d'Homère par Voss, elle fait de l'Iliade et de l'Odyssée des poëmes dont le style est grec, bien que les mots soient allemands. La connoissance de l'antiquité y gagne ; l'originalité propre à l'idiome de chaque nation y perd nécessairement. Il semble que c'est une contradiction d'accuser la langue allemande tout à la fois de trop de flexibilité et de trop de rudesse ; mais ce qui se concilie dans les caractères peut aussi se concilier dans les langues ; et souvent dans la même personne les inconvénients de la rudesse n'empêchent pas ceux de la flexibilité.

Ces défauts se font sentir beaucoup plus rarement dans les vers que dans la prose, et dans les compositions originales que dans les traductions ; je crois donc qu'on peut dire avec vérité qu'il n'y a point aujourd'hui de poésie plus frappante et plus variée que celle des Allemands.

La versification est un art singulier dont l'examen est inépuisable ; les mots qui, dans les rapports ordinaires de la vie, servent seulement de signe à la pensée, arrivent à notre âme par le rhythme des sons harmonieux, et nous causent une double jouissance qui naît de la sensation et de la réflexion réunies ; mais si toutes les langues sont également propres à dire ce que l'on pense, toutes ne le sont pas également à faire partager ce que l'on éprouve, et les effets de la poésie tiennent encore plus à la mélodie des paroles qu'aux idées qu'elles expriment.

L'allemand est la seule langue moderne qui ait des syllabes longues et brèves comme le grec et le latin ; tous les autres dialectes européens sont plus ou moins accentués, mais les vers ne sauroient s'y mesurer à la manière des anciens d'après la longueur des syllabes : l'accent donne de l'unité aux phrases comme aux mots, il a du rapport avec la signification de ce qu'on dit ; l'on insiste sur ce qui doit déterminer le sens ; et la prononciation, en faisant ressortir telle ou telle parole, rapporte tout à l'idée principale. Il n'en est pas ainsi de la durée musicale des sons dans le langage ; elle est bien plus favorable à la poésie que l'accent, parce qu'elle n'a point d'objet positif et qu'elle donne seulement un plaisir noble et vague comme toutes les jouissances sans but. Chez les anciens, les syllabes étoient scandées d'après la nature des voyelles et les rapports des sons entre eux, l'harmonie seule en décidoit : en allemand tous les mots accessoires sont brefs, et c'est la dignité grammaticale, c'est-à-dire l'importance de la syllabe radicale qui détermine sa quantité ; il y a moins de charme dans cette espèce de prosodie que dans celle des anciens, parce qu'elle tient plus aux combinaisons abstraites qu'aux sensations involontaires ; néanmoins c'est toujours un grand avantage pour une langue d'avoir dans sa prosodie de quoi suppléer à la rime.

C'est une découverte moderne que la rime, elle tient à tout l'ensemble de nos beaux-arts, et ce seroit s'interdire de grands effets que d'y renoncer; elle est l'image de l'espérance et du souvenir. Un son nous fait désirer celui qui doit lui répondre, et quand le second retentit il nous rappelle celui qui vient de nous échapper. Néan moins cette agréable régularité doit nécessaire- ment nuire au naturel dans l'art dramatique et à la hardiesse dans le poëme épique. On ne sau- roit guère se passer de la rime dans les idiomes dont la prosodie est peu marquée; et cependant la gêne de la construction peut être telle, dans certaines langues, qu'un poëte audacieux et pen- seur auroit besoin de faire goûter l'harmonie des vers sans l'asservissement de la rime. Klopstock a banni les alexandrins de la poésie allemande; il les a remplacés par les hexamètres et les vers ïambiques non rimés en usage aussi chez les An- glais, et qui donnent à l'imagination beaucoup de liberté. Les vers alexandrins convenoient très- mal à la langue allemande; on peut s'en con- vaincre par les poésies du grand Haller lui-même, quelque mérite qu'elles aient; une langue dont la prononciation est aussi forte étourdit par le retour et l'uniformité des hémistiches. D'ailleurs cette forme de vers appelle les sentences et les antithèses, et l'esprit allemand est trop scrupuleux et trop vrai pour se prêter à ces antithères, qui ne présentent jamais les idées ni les images dans leur parfaite sincérité ni dans leurs plus exactes nuances. L'harmonie des hexamètres, et surtout des vers ïambiques non rimés, n'est que l'harmonie naturelle inspirée par le sentiment : c'est une déclamation notée, tandis que le vers alexandrin impose un certain genre d'expressions et de tournures dont il est bien difficile de sortir. La composition de ce genre de vers est un art tout-à-fait indépendant même du génie poétique ; on peut posséder cet art sans avoir ce génie, et l'on pourroit au contraire être un grand poëte et ne pas se sentir capable de s'astreindre à cette forme.

Nos premiers poëtes lyriques en France, ce sont peut-être nos grands prosateurs, Bossuet, Pascal, Fénélon, Buffon, Jean-Jacques, etc. Le despotisme des alexandrins force souvent à ne point mettre en vers ce qui seroit pourtant de la véritable poésie ; tandis que chez les nations étrangères la versification étant beaucoup plus facile et plus naturelle, toutes les pensées poétiques inspirent des vers, et l'on ne laisse en général à la prose que le raisonnement. On pourroit défier

Racine lui-même de traduire en vers français Pin-
dare, Pétrarque ou Klopstock, sans dénaturer
entièrement leur caractère. Ces poëtes ont un
genre d'audace qui ne se trouve guère que dans
les langues où l'on peut réunir tout le charme de
la versification à l'originalité que la prose permet
seule en français.

Un des grands avantages des dialectes germaniques en poésie, c'est la variété et la beauté de
leurs épithètes. L'allemand, sous ce rapport aussi,
peut se comparer au grec; l'on sent dans un seul
mot plusieurs images, comme, dans la note fon-
damentale d'un accord, on entend les autres sons
dont il est composé, ou comme de certaines couleurs réveillent en nous la sensation de celles qui
en dépendent. L'on ne dit en français que ce qu'on
veut dire, et l'on ne voit point errer autour des
paroles ces nuages à mille formes, qui entourent
la poésie des langues du nord, et réveillent une
foule de souvenirs. A la liberté de former une
seule épithète de deux ou trois, se joint celle d'a-
nimer le langage en faisant avec les verbes des
noms : *Le vivre, le vouloir, le sentir*, sont des
expressions moins abstraites que la vie, la volonté, le sentiment ; et tout ce qui tend à chan-

ger la pensée en action donne toujours plus de mouvement au style. La facilité de renverser à son gré la construction de la phrase est aussi très-favorable à la poésie, et permet d'exciter, par les moyens variés de la versification, des impressions analogues à celles de la peinture et de la musique. Enfin l'esprit général des dialectes teutoniques, c'est l'indépendance : les écrivains cherchent avant tout à transmettre ce qu'ils sentent ; ils diroient volontiers à la poésie comme Héloïse à son amant : *S'il y a un mot plus vrai, plus tendre, plus profond encore pour exprimer ce que j'éprouve, c'est celui-là que je veux choisir.* Le souvenir des convenances de société poursuit en France le talent jusque dans ses émotions les plus intimes ; et la crainte du ridicule est l'épée de Damoclès, qu'aucune fête de l'imagination ne peut faire oublier.

On parle souvent dans les arts du mérite de la difficulté vaincue ; néanmoins on a dit avec raison qu'*ou cette difficulté ne se sentoit pas, et qu'alors elle étoit nulle, ou qu'elle se sentoit, et qu'alors elle n'étoit pas vaincue.* Les entraves font ressortir l'habileté de l'esprit ; mais il y a souvent dans le vrai génie une sorte de maladresse, semblable, à quelques égards, à la duperie des belles âmes, et l'on auroit tort de vouloir l'asservir à des gênes arbitraires, car il s'en tireroit beaucoup moins bien que des talents du second ordre.

CHAPITRE X.

De la poésie.

CE qui est vraiment divin dans le cœur de l'homme ne peut être défini; s'il y a des mots pour quelques traits, il n'y en a point pour exprimer l'ensemble, et surtout le mystère de la véritable beauté dans tous les genres. Il est facile de dire ce qui n'est pas de la poésie; mais si l'on veut comprendre ce qu'elle est, il faut appeler à son secours les impressions qu'excitent une belle contrée, une musique harmonieuse, le regard d'un objet chéri, et par-dessus tout un sentiment religieux qui nous fait éprouver en nous-mêmes la présence de la divinité. La poésie est le langage naturel à tous les cultes. La Bible est pleine de poésie, Homère est plein de religion; ce n'est pas qu'il y ait des fictions dans la Bible, ni des dogmes dans Homère; mais l'enthousiasme rassemble dans un même foyer des sentiments di- vers, l'enthousiasme est l'encens de la terre vers le ciel, il les réunit l'un à l'autre.

Le don de révéler par la parole ce qu'on res- sent au fond du cœur est très-rare ; il y a pourtant de la poésie dans tous les êtres capables d'affec- tions vives et profondes ; l'expression manque à ceux qui ne sont pas exercés à la trouver. Le poète ne fait pour ainsi dire que dégager le sentiment prisonnier au fond de l'âme ; le génie poétique est une disposition intérieure de la même nature que celle qui rend capable d'un généreux sacrifice : c'est rêver l'héroïsme que composer une belle ode. Si le talent n'étoit pas mobile, il inspireroit aussi souvent les belles actions que les touchantes pa- roles ; car elles partent toutes également de la conscience du beau, qui se fait sentir en nous- mêmes.

Un homme d'un esprit supérieur disoit *que la prose étoit factice, et la poésie naturelle :* en effet, les nations peu civilisées commencent toujours par la poésie, et dès qu'une passion forte agite l'âme, les hommes les plus vulgaires se servent, à leur insçu, d'images et de métaphores ; ils ap- pellent à leur secours la nature extérieure pour exprimer ce qui se passe en eux d'inexprimable.

Les gens du peuple sont beaucoup plus près d'être poëtes que les hommes de bonne compagnie, car la convenance et le persiflage ne sont propres qu'à servir de bornes, ils ne peuvent rien inspirer.

Il y a lutte interminable dans ce monde entre la poésie et la prose, et la plaisanterie doit toujours se mettre du côté de la prose; car c'est rabattre que plaisanter. L'esprit de société est cependant très-favorable à la poésie de la grâce et de la gaieté dont l'Arioste, La Fontaine, Voltaire, sont les plus brillants modèles. La poésie dramatique est admirable dans nos premiers écrivains; la poésie descriptive, et surtout la poésie didactique a été portée chez les Français à un très-haut degré de perfection; mais il ne paroît pas qu'ils soient appelés jusqu'à présent à se distinguer dans la poésie lyrique ou épique, telle que les anciens et les étrangers la conçoivent.

La poésie lyrique s'exprime au nom de l'auteur même; ce n'est plus dans un personnage qu'il se transporte, c'est en lui-même qu'il trouve les divers mouvements dont il est animé : J. B. Rousseau dans ses odes religieuses, Racine dans Athalie, se sont montrés poëtes lyriques; ils étoient nourris des psaumes et pénétrés d'une foi vive;

néanmoins les difficultés de la langue et de la versification française s'opposent presque toujours à l'abandon de l'enthousiasme. On peut citer des strophes admirables dans quelques-unes de nos odes ; mais y en a-t-il une entière dans laquelle le dieu n'ait point abandonné le poëte ? De beaux vers ne sont pas de la poésie ; l'inspiration dans les arts est une source inépuisable qui vivifie depuis la première parole jusqu'à la dernière : amour, patrie, croyance, tout doit être divinisé dans l'ode, c'est l'apothéose du sentiment : il faut, pour concevoir la vraie grandeur de la poésie lyrique, errer par la rêverie dans les régions éthérées, oublier le bruit de la terre en écoutant l'harmonie céleste, et considérer l'univers entier comme un symbole des émotions de l'âme.

L'énigme de la destinée humaine n'est de rien pour la plupart des hommes ; le poëte l'a toujours présente à l'imagination. L'idée de la mort, qui décourage les esprits vulgaires, rend le génie plus audacieux, et le mélange des beautés de la nature et des terreurs de la destruction excite je ne sais quel délire de bonheur et d'effroi, sans lequel l'on ne peut ni comprendre ni décrire le spectacle de ce monde. La poésie lyrique ne raconte rien, ne s'astreint en rien à la succession des temps, ni aux limites des lieux ; elle plane sur les pays et sur les siècles ; elle donne de la durée à ce moment sublime pendant lequel l'homme s'élève au-dessus des peines et des plaisirs de la vie. Il se sent au milieu des merveilles du monde comme un être à la fois créateur et créé, qui doit mourir et qui ne peut cesser d'être, et dont le cœur tremblant et fort en même temps s'enorgueillit en lui-même et se prosterne devant Dieu.

Les Allemands réunissant tout à la fois, ce qui est très-rare, l'imagination et le recueillement contemplatif, sont plus capables que la plupart des autres nations de la poésie lyrique. Les modernes ne peuvent se passer d'une certaine profondeur d'idées dont une religion spiritualiste leur a donné l'habitude ; et si cependant cette profondeur n'étoit point revêtue d'images, ce ne seroit pas de la poésie : il faut donc que la nature grandisse aux yeux de l'homme pour qu'il puisse s'en servir comme de l'emblème de ses pensées. Les bosquets, les fleurs et les ruisseaux suffisoient aux poëtes du paganisme ; la solitude des forêts, l'Océan sans bornes, le ciel étoilé peuvent à peine exprimer l'éternel et l'infini dont l'âme des chrétiens est remplie.

Les Allemands n'ont pas plus que nous de

poëme épique ; cette admirable composition ne paroît pas accordée aux modernes, et peut-être n'y a-t-il que l'Iliade qui réponde entièrement à l'idée qu'on se fait de ce genre d'ouvrage : il faut pour le poëme épique un concours singulier de circonstances qui ne s'est rencontré que chez les Grecs, l'imagination des temps héroïques et la perfection du langage des temps civilisés. Dans le moyen âge, l'imagination étoit forte, mais le langage imparfait ; de nos jours le langage est pur, mais l'imagination est en défaut. Les Allemands ont beaucoup d'audace dans les idées et dans le style, et peu d'invention dans le fond du sujet ; leurs essais épiques se rapprochent presque toujours du genre lyrique. Ceux des Français rentrent plutôt dans le genre dramatique, et l'on y trouve plus d'intérêt que de grandeur. Quand il s'agit de plaire au théâtre, l'art de se circonscrire dans un cadre donné, de deviner le goût des spectateurs et de s'y plier avec adresse, fait une partie du succès ; tandis que rien ne doit tenir aux circonstances extérieures et passagères dans la composition d'un poëme épique. Il exige des beautés absolues, des beautés qui frappent le lecteur solitaire, lorsque ses sentiments sont plus naturels et son imagination plus hardie.

Celui qui voudroit trop hasarder dans un poëme épique pourroit bien encourir le blâme sévère du bon goût français; mais celui qui ne hasarderoit rien n'en seroit pas moins dédaigné.

Boileau, tout en perfectionnant le goût et la langue, a donné à l'esprit français, l'on ne sauroit le nier, une disposition très-défavorable à la poésie. Il n'a parlé que de ce qu'il falloit éviter; il n'a insisté que sur des préceptes de raison et de sagesse qui ont introduit dans la littérature une sorte de pédanterie très-nuisible au sublime élan des arts. Nous avons en français des chefs-d'œuvre de versification; mais comment peut-on appeler la versification de la poésie! Traduire en vers ce qui étoit fait pour rester en prose, exprimer en dix syllabes, comme Pope, les jeux de cartes et leurs moindres détails, ou comme les derniers poëmes qui ont paru chez nous, le trictrac, les échecs, la chimie, c'est un tour de passe-passe en fait de paroles, c'est composer avec les mots comme avec les notes des sonates sous le nom de poëme.

Il faut cependant une grande connoissance de la langue poétique pour décrire ainsi noblement les objets qui prêtent le moins à l'imagination, et l'on a raison d'admirer quelques morceaux détachés de ces galeries de tableaux ; mais les transitions qui les lient entre eux sont nécessairement prosaïques comme ce qui se passe dans la tête de l'écrivain. Il s'est dit : — Je ferai des vers sur ce sujet, puis sur celui-ci, puis sur celui-là. — Et sans s'en apercevoir il nous met dans la confidence de sa manière de travailler. Le véritable poëte conçoit pour ainsi dire tout son poëme à la fois au fond de son âme : sans les difficultés du langage, il improviseroit, comme la sibylle et les prophètes, les hymnes saints du génie. Il est ébranlé par ses conceptions comme par un événement de sa vie. Un monde nouveau s'offre à lui ; l'image sublime de chaque situation, de chaque caractère, de chaque beauté de la nature frappe ses regards, et son cœur bat pour un bonheur céleste qui traverse comme un éclair l'obscurité du sort. La poésie est une possession momentanée de tout ce que notre âme souhaite ; le talent fait disparoître les bornes de l'existence et change en images brillantes le vague espoir des mortels.

Il seroit plus aisé de décrire les symptômes du talent que de lui donner des préceptes ; le génie se sent comme l'amour par la profondeur même de l'émotion dont il pénètre celui qui en est doué ; mais si l'on osoit donner des conseils à ce génie, dont la nature veut être le seul guide, ce ne seroit pas des conseils purement littéraires qu'on devroit lui adresser ; il faudroit parler aux poëtes comme à des citoyens, comme à des héros ; il faudroit leur dire : — Soyez vertueux, soyez croyants, soyez libres, respectez ce que vous aimez, cherchez l'immortalité dans l'amour et la divinité dans la nature, enfin sanctifiez votre âme comme un temple, et l'ange des nobles pensées ne dédaignera pas d'y apparoître.

CHAPITRE XI.

De la poésie classique et de la poésie romantique.

———

Le nom de *romantique* a été introduit nouvellement en Allemagne pour désigner la poésie dont les chants des troubadours ont été l'origine, celle qui est née de la chevalerie et du christianisme. Si l'on n'admet pas que le paganisme et le christianisme, le nord et le midi, l'antiquité et le moyen âge, la chevalerie et les institutions grecques et romaines, se sont partagé l'empire de la littérature, l'on ne parviendra jamais à juger sous un point de vue philosophique le goût antique et le goût moderne.

On prend quelquefois le mot classique comme synonyme de perfection. Je m'en sers ici dans une autre acception, en considérant la poésie classique comme celle des anciens, et la poésie romantique comme celle qui tient de quelque manière aux traditions chevaleresques. Cette division se rapporte également aux deux ères du monde : celle qui a précédé l'établissement du christianisme, et celle qui l'a suivi.

On a comparé aussi dans divers ouvrages allemands la poésie antique à la sculpture, et la poésie romantique à la peinture ; enfin l'on a caractérisé de toutes les manières la marche de l'esprit humain, passant des religions matérialistes aux religions spiritualistes, de la nature à la divinité.

La nation française, la plus cultivée des nations latines, penche vers la poésie classique imitée des Grecs et des Romains. La nation anglaise, la plus illustre des nations germaniques, aime la poésie romantique et chevaleresque, et se glorifie des chefs-d'œuvre qu'elle possède en ce genre. Je n'examinerai point ici lequel de ces deux genres de poésie mérite la préférence : il suffit de montrer que la diversité des goûts, à cet égard, dérive non-seulement de causes accidentelles, mais aussi des sources primitives de l'imagination et de la pensée.

Il y a dans les poëmes épiques, et dans les tragédies des anciens, un genre de simplicité qui tient à ce que les hommes étoient identifiés à cette époque avec la nature, et croyoient dépendre du destin comme elle dépend de la nécessité. L'homme, réfléchissant peu, portoit toujours l'action de son âme au dehors ; la conscience elle-même étoit figurée par des objets extérieurs, et les flambeaux des Furies secouoient les remords sur la tête des coupables. L'événement étoit tout dans l'antiquité, le caractère tient plus de place dans les temps modernes ; et cette réflexion inquiète, qui nous dévore souvent comme le vautour de Prométhée, n'eût semblé que de la folie au milieu des rapports clairs et prononcés qui existoient dans l'état civil et social des anciens.

On ne faisoit en Grèce, dans le commencement de l'art, que des statues isolées ; les groupes ont été composés plus tard. On pourroit dire de même, avec vérité, que dans tous les arts il n'y avoit point de groupes ; les objets représentés se succédoient comme dans les bas-reliefs, sans combinaison, sans complication d'aucun genre. L'homme personnifioit la nature ; des nymphes habitoient les eaux, des hamadryades les forêts : mais la nature à son tour s'emparoit de l'homme, et l'on eût dit qu'il ressembloit au torrent, à la foudre, au volcan, tant il agissoit par une impulsion involontaire, et sans que la réflexion pût en rien altérer les motifs ni les suites de ses actions. Les anciens avoient pour ainsi dire une âme corporelle, dont tous les mouvements étoient forts, directs et conséquents; il n'en est pas de même du cœur humain développé par le christianisme : les modernes ont puisé, dans le repentir chrétien, l'habitude de se replier continuellement sur eux-mêmes.

Mais, pour manifester cette existence toute intérieure, il faut qu'une grande variété dans les faits présente sous toutes les formes les nuances infinies de ce qui se passe dans l'âme. Si de nos jours les beaux-arts étoient astreints à la simplicité des anciens, nous n'atteindrions pas à la force primitive qui les distingue, et nous perdrions les émotions intimes et multipliées dont notre âme est susceptible. La simplicité de l'art, chez les modernes, tourneroit facilement à la froideur et à l'abstraction, tandis que celle des anciens étoit pleine de vie. L'honneur et l'amour, la bravoure et la pitié sont les sentiments qui signalent le christianisme chevaleresque; et ces dispositions de l'âme ne peuvent se faire voir que par les dan-gers, les exploits, les amours, les malheurs, l'intérêt romantique enfin, qui varie sans cesse les tableaux. Les sources des effets de l'art sont donc différentes à beaucoup d'égards dans la poésie classique et dans la poésie romantique ; dans l'une, c'est le sort qui règne ; dans l'autre, c'est la Providence ; le sort ne compte pour rien les sentiments des hommes, la Providence ne juge les actions que d'après les sentiments. Comment la poésie ne créeroit-elle pas un monde d'une toute autre nature, quand il faut peindre l'œuvre d'un destin aveugle et sourd, toujours en lutte avec les mortels, ou cet ordre intelligent auquel préside un être suprême, que notre cœur interroge, et qui répond à notre cœur !

La poesie païenne doit être simple et saillante comme les objets extérieurs ; la poésie chrétienne a besoin des mille couleurs de l'arc-en-ciel pour ne pas se perdre dans les nuages. La poésie des anciens est plus pure comme art, celle des modernes fait verser plus de larmes : mais la question pour nous n'est pas entre la poésie classique et la poésie romantique, mais entre l'imitation de l'une et l'inspiration de l'autre. La littérature des anciens est chez les modernes une littérature transplantée : la littérature romantique ou chevaleresque est chez nous indigène , et c'est notre religion et nos institutions qui l'ont fait éclore.

Les écrivains imitateurs des anciens se sont soumis aux règles du goût les plus sévères; car ne pouvant consulter ni leur propre nature, ni leurs propres souvenirs, il a fallu qu'ils se conformassent aux lois d'après lesquelles les chefs-d'œuvre des anciens peuvent être adaptés à notre goût, bien que toutes les circonstances politiques et religieuses qui ont donné le jour à ces chefs-d'œuvre soient changées. Mais ces poésies d'après l'antique, quelque parfaites qu'elles soient, sont rarement populaires, parce qu'elles ne tiennent, dans le temps actuel, à rien de national.

La poésie française étant la plus classique de toutes les poésies modernes, elle est la seule qui ne soit pas répandue parmi le peuple. Les stances du Tasse sont chantées par les gondoliers de Venise; les Espagnols et les Portugais de toutes les classes savent par cœur les vers de Calderon et de Camoëns. Shakespear est autant admiré par le peuple en Angleterre que par la classe supérieure. Des poëmes de Gœthe et de Bürger sont mis en musique, et vous les entendez répéter des bords du Rhin jusqu'à la Baltique. Nos poëtes français sont admirés par tout ce qu'il y a d'esprits cultivés chez nous et dans le reste de l'Europe ; mais ils sont tout-à-fait inconnus aux gens du peuple et aux bourgeois même des villes, parce que les arts en France ne sont pas, comme ailleurs, natifs du pays même où leurs beautés se développent.

Quelques critiques français ont prétendu que la littérature des peuples germaniques étoit encore dans l'enfance de l'art ; cette opinion est tout-à-fait fausse : les hommes les plus instruits dans la connoissance des langues et des ouvrages des anciens n'ignorent certainement pas les inconvénients et les avantages du genre qu'ils adoptent ou de celui qu'ils rejettent ; mais leur caractère, leurs habitudes et leurs raisonnements les ont conduits à préférer la littérature fondée sur les souvenirs de la chevalerie, sur le merveilleux du moyen âge, à celle dont la mythologie des Grecs est la base. La littérature romantique est la seule qui soit susceptible encore d'être perfectionnée, parce qu'ayant ses racines dans notre propre sol, elle est la seule qui puisse croître et se vivifier de nouveau ; elle exprime notre religion ; elle rappelle notre histoire : son origine est ancienne, mais non antique.

La poésie classique doit passer par les souvenirs du paganisme pour arriver jusqu'à nous : la poésie des Germains est l'ère chrétienne des beaux-arts : elle se sert de nos impressions personnelles pour nous émouvoir : le génie qui l'inspire s'adresse immédiatement à notre cœur, et semble évoquer notre vie elle-même comme un fantôme le plus puissant et le plus terrible de tous.

CHAPITRE XII.

Des poëmes allemands.

O n doit conclure, ce me semble, des diverses réflexions que contient le chapitre précédent, qu'il n'y a guère de poésie classique en Allemagne, soit qu'on considère cette poésie comme imitée des anciens, ou qu'on entende seulement par ce mot le plus haut degré possible de perfection. La fécondité de l'imagination des Allemands les appelle à produire plutôt qu'à corriger ; aussi peut-on difficilement citer, dans leur littérature, des écrits généralement reconnus pour modèles. La langue n'est pas fixée : le goût change à chaque nouvelle production des hommes de talent ; tout est progressif, tout marche, et le point station-naire de perfection n'est point encore atteint ; mais est-ce un mal ? Chez toutes les nations où l'on s'est flatté d'y être parvenu, l'on a vu presque immédiatement après commencer la décadence, et les imitateurs succéder aux écrivains classiques, comme pour dégoûter d'eux.

Il y a en Allemagne un aussi grand nombre de poëtes qu'en Italie : la multitude des essais, dans quelque genre que ce soit, indique quel est le penchant naturel d'une nation. Quand l'amour de l'art y est universel, les esprits prennent d'eux-mêmes la direction de la poésie, comme ailleurs celle de la politique ou des intérêts mercantiles. Il y avoit chez les Grecs une foule de poëtes, et rien n'est plus favorable au génie que d'être environné d'un grand nombre d'hommes qui suivent la même carrière. Les artistes sont des juges indulgents pour les fautes, parce qu'ils connoissent les difficultés; mais ce sont aussi des approbateurs exigeants; il faut de grandes beautés, et des beautés nouvelles, pour égaler à leurs yeux les chefs-d'œuvre dont ils s'occupent sans cesse. Les Allemands improvisent pour ainsi dire en écrivant; et cette grande facilité est le véritable signe du talent dans les beaux-arts; car ils doivent, comme les fleurs du midi, naître sans culture; le travail les perfectionne; mais l'imagination est abondante, lorsqu'une généreuse nature en a fait don aux hommes. Il est impossible de citer tous les

poëtes allemands qui mériteroient un éloge à part;
je me bornerai seulement à considérer, d'une
manière générale, les trois écoles que j'ai déjà
distinguées en indiquant la marche historique de
la littérature allemande.

Wieland a imité Voltaire dans ses romans;
souvent Lucien, qui, sous le rapport philosophique, est le Voltaire de l'antiquité; quelquefois
l'Arioste, et, malheureusement aussi, Crébillon.
Il a mis en vers plusieurs contes de chevalerie,
Gandalin, Gérion le Courtois, Obéron, etc.,
dans lesquels il y a plus de sensibilité que dans
l'Arioste; mais toujours moins de grâce et de
gaieté. L'allemand ne se meut pas, sur tous les
sujets, avec la légèreté de l'italien; et les plaisanteries qui conviennent à cette langue un peu surchargée de consonnes, ce sont plutôt celles qui
tiennent à l'art de caractériser fortement qu'à
celui d'indiquer à demi. Idris et le nouvel Ama-
dis, sont des contes de fées dans lesquels la vertu
des femmes est à chaque page l'objet de ces éternelles plaisanteries qui ont cessé d'être immorales
à force d'être ennuyeuses. Les contes de chevalerie de Wieland me semblent beaucoup meilleurs
que ses poëmes imités du grec, Musarion, En-

dymion, Ganymède, le Jugement de Pâris, etc. Les histoires chevaleresques sont nationales en Allemagne. Le génie naturel du langage et des poëtes se prête à peindre les exploits et les amours de ces chevaliers et de ces belles, dont les sentiments étoient tout à la fois si forts et si naïfs, si bienveillants et si décidés : mais en voulant mettre des grâces modernes dans les sujets grecs, Wieland les a rendus nécessairement maniérés. Ceux qui prétendent modifier le goût antique par le goût moderne, ou le goût moderne par le goût antique, sont presque toujours affectés. Pour être à l'abri de ce danger, il faut prendre chaque chose pleinement dans sa nature.

L'Obéron passe en Allemagne presque pour un poëme épique. Il est fondé sur une histoire de chevalerie française, *Huon de Bourdeaux*, dont M. de Tressan a donné l'extrait; et le génie Obéron et la fée Titania, tels que Shakespear les a peints dans sa pièce intitulée *Rêve d'une nuit d'été*, servent de mythologie à ce poëme. Le sujet en est donné par nos anciens romanciers; mais on ne sauroit trop louer la poésie dont Wieland l'a enrichi. La plaisanterie tirée du merveilleux y est maniée avec beaucoup de grâce et d'originalité.

Huon est envoyé en Palestine, par suite de diverses aventures, pour demander en mariage la fille du sultan, et quand le son du cor singulier qu'il possède met en danse tous les personnages les plus graves qui s'opposent au mariage, on ne se lasse point de cet effet comique, habilement répété; et mieux le poëte a su peindre le sérieux pédantesque des imans et des visirs de la cour du sultan, plus leur danse involontaire amuse les lecteurs. Quand Obéron emporte sur un char ailé les deux amants dans les airs, l'effroi de ce prodige est dissipé par la sécurité que l'amour leur inspire. « En vain la terre, dit le poëte, disparoît « à leurs yeux; en vain la nuit couvre l'atmos- « phère de ses ailes obscures; une lumière céleste « rayonne dans leurs regards pleins de tendresse: « leur âme se réfléchit l'une dans l'autre; la nuit « n'est pas la nuit pour eux; l'Elysée les entoure; « le soleil éclaire le fond de leur cœur; et l'amour, « à chaque instant, leur fait voir des objets tou- « jours délicieux et toujours nouveaux. »

La sensibilité ne s'allie guère en général avec le merveilleux: il y a quelque chose de si sérieux dans les affections de l'âme, qu'on n'aime pas à les voir compromises au milieu des jeux de l'imagination ; mais Wieland a l'art de réunir ces fictions fantastiques avec des sentiments vrais, d'une manière qui n'appartient qu'à lui.

Le baptême de la fille du sultan, qui se fait chrétienne pour épouser Huon, est encore un morceau de la plus grande beauté : changer de religion par amour est un peu profane ; mais le christianisme est tellement la religion du cœur, qu'il suffit d'aimer avec dévouement et pureté pour être déjà converti. Obéron a fait promettre aux deux jeunes époux de ne pas se donner l'un à l'autre avant leur arrivée à Rome : ils sont ensemble dans le même vaisseau, et séparés du monde, l'amour les fait manquer à leur vœu. Alors la tempête se déchaîne, les vents sifflent, les vagues grondent et les voiles sont déchirées ; la foudre brise les mâts ; les passagers se lamentent, les matelots crient au secours. Enfin le vaisseau s'entr'ouvre, les flots menacent de tout engloutir, et la présence de la mort peut à peine arracher les deux époux au sentiment du bonheur de cette vie. Ils sont précipités dans la mer : un pouvoir invisible les sauve, et les fait aborder dans une île inhabitée, où ils trouvent un solitaire que ses malheurs et sa religion ont conduit dans cette retraite.

Amanda, l'épouse de Huon, après de longues traverses, met au monde un fils, et rien n'est ravissant comme le tableau de la maternité dans le désert : ce nouvel être qui vient animer la solitude, ces regards incertains de l'enfance, que la tendresse passionnée de la mère cherche à fixer sur elle, tout est plein de sentiment et de vérité. Les épreuves auxquelles Obéron et Titania veulent soumettre les deux époux continuent ; mais à la fin leur constance est récompensée. Quoiqu'il y ait des longueurs dans ce poëme, il est impossible de ne pas le considérer comme un ouvrage charmant, et s'il étoit bien traduit en vers français, il seroit jugé tel.

Avant et après Wieland il y a eu des poëtes qui ont essayé d'écrire dans le genre français et italien : mais ce qu'ils ont fait ne vaut guère la peine d'être cité : et si la littérature allemande n'avoit pas pris un caractère à elle, sûrement elle ne feroit pas époque dans l'histoire des beaux-arts. C'est à la Messiade de Klopstock qu'il faut fixer l'époque de la poésie en Allemagne.

Le héros de ce poëme, selon notre langage mortel, inspire au même degré l'admiration et la pitié, sans que jamais l'un de ces sentiments soit affoibli par l'autre. Un poëte généreux a dit, en parlant de Louis XVI :

Jamais tant de respect n'admit tant de pitié (1).

Ce vers si touchant et si délicat pourroit exprimer l'attendrissement que le Messie fait éprouver dans Klopstock. Sans doute le sujet est bien au-dessus de toutes les inventions du génie ; il en faut beaucoup cependant pour montrer avec tant de sensibilité l'humanité dans l'être divin, et avec tant de force la divinité dans l'être mortel. Il faut aussi bien du talent pour exciter l'intérêt et l'anxiété dans le récit d'un événement décidé d'avance par une volonté toute puissante. Klopstock a su réunir avec beaucoup d'art tout ce que la fatalité des anciens et la providence des chrétiens peuvent inspirer à la fois de terreur et d'espérance.

J'ai parlé ailleurs du caractère d'Abbadona, de ce démon repentant qui cherche à faire du bien aux hommes : un remords dévorant s'attache à sa nature immortelle ; ses regrets ont le ciel même pour objet, le ciel qu'il a connu, les célestes

---

(1) M. de Sabran.

sphères qui furent sa demeure : quelle situation que ce retour vers la vertu quand la destinée est irrévocable ; il manquoit aux tourments de l'enfer d'être habité par une âme redevenue sensible ! Nôtre religion ne nous est pas familière en poésie, et Klopstock est l'un des poëtes modernes qui a su le mieux personnifier la spiritualité du christianisme par des situations et des tableaux analogues à sa nature.

Il n'y a qu'un épisode d'amour dan s tout l'ouvrage, et c'est un amour entre deux ressuscités, Cidli et Semida ; Jésus-Christ leur a rendu la vie à tous les deux, et ils s'aiment d'une affection pure et céleste comme leur nouvelle existence ; ils ne se croient plus sujets à la mort ; ils espèrent qu'ils passeront ensemble de la terre au ciel, sans que l'horrible douleur d'une séparation apparente soit éprouvée par l'un d'eux. Touchante conception qu'un tel amour dans un poëme religieux ! elle seule pouvoit être en harmonie avec l'ensemble de l'ouvrage. Il faut l'avouer cependant, il résulte un peu de monotonie d'un sujet continuellement exalté : l'âme se fatigue par trop de contemplation, et l'auteur auroit quelquefois besoin d'avoir affaire à des lecteurs déjà ressuscités comme Cidli et Semida.

On auroit pu, ce me semble, éviter ce défaut, sans introduire dans la Messiade rien de profane : il eût mieux valu peut-être prendre pour sujet la vie entière de Jésus-Christ que de commencer au moment où ses ennemis demandent sa mort. L'on auroit pu se servir avec plus d'art des couleurs de l'orient pour peindre la Syrie, et caractériser d'une manière forte l'état du genre humain sous l'empire de Rome. Il y a trop de discours et des discours trop longs dans la Messiade ; l'éloquence elle-même frappe moins l'imagination qu'une situation, un caractère, un tableau qui nous laissent quelque chose à deviner. Le Verbe, ou la parole divine, existoit avant la création de l'univers ; mais pour les poëtes, il faut que la création précède la parole.

On a reproché aussi à Klopstock de n'avoir pas fait de ses anges des portraits assez variés ; il est vrai que dans la perfection les différences sont difficiles à saisir, et que ce sont d'ordinaire les défauts qui caractérisent les hommes : néanmoins on auroit pu donner plus de variété à ce grand tableau ; enfin surtout il n'auroit pas fallu, ce me semble, ajouter encore dix chants à celui qui termine l'action principale, la mort du Sauveur. Ces dix chants renferment sans doute de grandes béautés lyriques; mais quand un ouvrage, quel qu'il soit, excite l'intérêt dramatique, il doit finir au moment où cet intérêt cesse. Des réflexions, des sentiments, qu'on liroit ailleurs avec le plus grand plaisir, lassent presque toujours lorsqu'un mouvement plus vif les a précédés. On est pour les livres à peu près comme pour les hommes; on exige d'eux toujours ce qu'ils nous ont accoutumés à en attendre.

Il règne dans tout l'ouvrage de Klopstock une âme élevée et sensible; toutefois les impressions qu'il excite sont trop uniformes, et les images funèbres y sont trop multipliées. La vie ne va que parce que nous oublions la mort; et c'est pour cela sans doute que cette idée, quand elle reparoît, cause un frémissement si terrible. Dans la Messiade, comme dans Young, on nous ramène trop souvent au milieu des tombeaux; c'en seroit fait des arts si l'on se plongeoit toujours dans ce genre de méditation; car il faut un sentiment très-énergique de l'existence pour sentir le monde animé de la poésie. Les païens dans leurs poëmes, comme sur les bas-reliefs des sépulcres, représentoient toujours des tableaux variés, et faisoient ainsi de la mort une action de la vie; mais les pensées vagues et profondes dont les derniers instants des chrétiens sont environnés prêtent plus à l'attendrissement qu'aux vives couleurs l'imagination.

Klopstock a composé des odes religieuses, des odes patriotiques, et d'autres pleines de grâce sur divers sujets. Dans ses odes religieuses il sait revêtir d'images visibles les idées sans bornes; mais quelquefois ce genre de poésie se perd dans l'incommensurable qu'elle voudroit embrasser.

Il est difficile de citer tel ou tel vers dans ses odes religieuses qui puisse se répéter comme une maxime détachée. La beauté de ces poésies consiste dans l'impression générale qu'elles produisent. Demanderoit-on à l'homme qui contemple la mer cette immensité toujours en mouvement et toujours inépuisable, cette immensité qui semble donner l'idée de tous les temps présents à la fois, de toutes les successions devenues simultanées; lui demanderoit-on de compter, vague après vague, le plaisir qu'il éprouve en rêvant sur le rivage? Il en est de même des méditations religieuses embellies par la poésie; elles sont dignes d'admiration, si elles inspirent un élan toujours nouveau vers une destinée toujours plus haute, si l'on se sent meilleur après s'en être pénétré : c'est là le jugement littéraire qu'il faut porter sur de tels écrits.

Parmi les odes de Klopstock, celles qui ont la révolution de France pour objet ne valent pas la peine d'être citées : le moment présent inspire presque toujours mal les poëtes ; il faut qu'ils se placent à la distance des siècles pour bien juger et même pour bien peindre ; mais ce qui fait un grand honneur à Klopstock, ce sont ses efforts pour ranimer le patriotisme chez les Allemands. Parmi les poésies composées dans ce respectable but, je vais essayer de faire connoître le chant des bardes après la mort d'Hermann, que les Romains appellent Arminius : il fut assassiné par les princes de la Germanie, jaloux de ses succès et de son pouvoir.

Hermann, chanté par les bardes Werdomar, Kerding et Darmond.

« *W.* Sur le rocher de la mousse antique, « asséyons-nous, ô bardes ! et chantons l'hymne « funèbre. Que nul ne porte ses pas plus loin, « que nul ne regarde sous ces branches où repose « le plus noble fils de la patrie.

« Il est là, étendu dans son sang, lui, le secret
« effroi des Romains, alors même qu'au milieu
« des danses guerrières et des chants de triomphe
« ils emmenoient sa Thusnelda captive : non, ne
« regardez pas ! Qui pourroit le voir sans pleurer ?
« et la lyre ne doit pas faire entendre des sons
« plaintifs, mais des chants de gloire pour l'im-
« mortel.

« *K*. J'ai encore la blonde chevelure de l'enfance,
« je n'ai ceint le glaive qu'en ce jour : mes mains
« sont pour la première fois armées de la lance et
« de la lyre, comment pourrois-je chanter Her-
« mann ?

« N'attendez pas trop du jeune homme, ô
« pères ; je veux essuyer avec mes cheveux
« dorés mes joues inondées de pleurs, avant
« d'oser chanter le plus grand des fils de
« Mana (1).

« *D*. Et moi aussi je verse des pleurs de rage ;
« non, je ne les retiendrai pas : coulez, larmes
« brûlantes, larmes de la fureur, vous n'êtes pas
« muettes, vous appelez la vengeance sur des

---

(1) Mana, l'un des héros tutélaires de la nation germanique.

« guerriers perfides; ô mes compagnons! entendez
« ma malédiction terrible : que nul des traîtres à
« la patrie, assassins du héros, ne meure dans les
« combats!

« *W*. Voyez-vous le torrent qui s'élance de
« la montagne et se précipite sur ces rochers; il
« roule avec ses flots des pins déracinés; il les
« amène, il les amène pour le bûcher d'Hermann.
« Bientôt le héros sera poussière, bientôt il repo-
« sera dans la tombe d'argile; mais que sur cette
« poussière sainte soit placé le glaive par lequel il
« a juré la perte du conquérant.

« Arrête-toi, esprit du mort, avant de re-
« joindre ton père Siegmar! tarde encore et
« regarde comme il est plein de toi, le cœur de
« ton peuple.

« *K*. Taisons, ô taisons à Thusnelda que son
« Hermann est ici tout sanglant. Ne dites pas à
« cette noble femme, à cette mère désespérée,
« que le père de son Thumeliko a cessé de
« vivre.

« Qui pourroit le dire à celle qui a déjà
« marché chargée de fers devant le char redou-
« table de 'orgueilleux vainqueur, qui pourroit

« le dire à cette infortunée auroit un cœur de
« Romain.

« *D*. Malheureuse fille, quel père t'a donné
« le jour ? Segeste (1), un traître, qui dans l'om-
« bre aiguisoit le fer homicide. Oh ! ne le mau-
« dissez pas. Héla (2) déjà l'a marqué de son
« sceau.

« *W*. Que le crime de Segeste ne souille point
« nos chants, et que plutôt l'éternel oubli étende
« ses ailes pesantes sur ses cendres ; les cordes
« de la lyre qui retentissent au nom d'Hermann
« seroient profanées si leurs frémissements accu-
« soient le coupable. Hermann ! Hermann ! toi,
« le favori des cœurs nobles, le chef des plus
« braves, le sauveur de la patrie, c'est toi
« dont nos bardes, en chœur, répètent les
« louanges aux échos sombres des mystérieuses
« forêts.

« Oh bataille de Winfeld (3) ! sœur sanglante

----

(1) Segeste, auteur de la conspiration qui fit périr
Hermann.

(2) Héla, la divinité de l'Enfer.

(3) Nom donné par les Germains à la bataille qu'ils ga-
gnèrent contre Varus.

« de la victoire de Cannes, je t'ai vue, les che-
« veux épars, l'œil en feu, les mains sanglantes,
« apparoître au milieu des harpes de Walhalla;
« en vain le fils de Drusus, pour effacer tes traces,
« vouloit cacher les ossements blanchis des vain-
« cus dans la vallée de la mort. Nous ne l'avons
« pas souffert, nous avons renversé leurs tom-
« beaux, afin que leurs restes épars servissent de
« témoignage à ce grand jour : à la fête du prin-
« temps, d'âge en âge, ils entendront les cris de
« joie des vainqueurs.

« Il vouloit, notre héros, donner encore des
« compagnons de mort à Varus; déjà, sans la
« lenteur jalouse des princes, Cæcina rejoignoit
« son chef.

« Une pensée plus noble encore rouloit dans
« l'âme ardente d'Hermann : à minuit, près de
« l'autel du dieu Thor (1), au milieu des sacri-
« fices, il se dit en secret : — Je le ferai. —

« Ce dessein le poursuit jusque dans vos jeux,
« quand la jeunesse guerrière forme des danses,
« franchit les épées nues, anime les plaisirs par
« les dangers.

____

(1) Le dieu de la guerre.

« Le pilote, vainqueur de l'orage, raconte que
« dans une île éloignée (1) la montagne brûlante
« annonce long-temps d'avance par de noirs tour-
« billons de fumée la flamme et les rochers ter-
« ribles qui vont jaillir de son sein : ainsi les pre-
« miers combats d'Hermann nous présageoient
« qu'un jour il traverseroit les Alpes pour des-
« cendre dans la plaine de Rome.

« C'est là que le héros devoit ou périr ou mon-
« ter au Capitole, et près du trône de Jupiter,
« qui tient dans sa main la balance des destinées,
« interroger Tibère et les ombres de ses ancêtres
« sur la justice de leurs guerres.

« Mais pour accomplir son hardi projet, il fal-
« loit porter entre tous les princes l'épée du chef
« des batailles ; alors ses rivaux ont conspiré sa
« mort, et maintenant il n'est plus, celui dont le
« cœur avoit conçu la pensée grande et patrio-
« tique.

« D. As-tu recueilli mes larmes brûlantes ? as-
« tu entendu mes accents de fureur, ho ! Héla,
« déesse qui punit.

« K. Voyez dans Walhalla, sous les ombrages

____

(1) L'Islande.

« sacrés, au milieu des héros, la palme de la
« victoire à la main, Siegmar s'avance pour re-
« cevoir son Hermann : le vieillard rajeuni salue
« le jeune héros; mais un nuage de tristesse ob-
« scurcit son accueil, car Hermann n'ira plus, il
« n'ira plus au Capitole interroger Tibère devant
« le tribunal des dieux. »

Il y a plusieurs autres poëmes de Klopstock,
dans lesquels, de même que dans celui-ci, il rappelle aux Allemands les hauts faits de leurs ancêtres les Germains ; mais ces souvenirs n'ont
presqu'aucun rapport avec la nation actuelle. On
sent dans ces poésies un enthousiasme vague, un
désir qui ne peut atteindre son but ; et la moindre chanson nationale d'un peuple libre cause
une émotion plus vraie. Il ne reste guère de traces
de l'histoire ancienne des Germains ; l'histoire
moderne est trop divisée et trop confuse pour
qu'elle puisse produire des sentiments populaires:
c'est dans leur cœur seul que les Allemands peuvent trouver la source des chants vraiment patriotiques.

Klopstock a souvent beaucoup de grâce sur
des sujets moins sérieux : sa grâce tient à l'ima-

gination et à la sensibilité; car dans ses poésies il n'y a pas beaucoup de ce que nous appelons de l'esprit; le genre lyrique ne le comporte pas. Dans l'ode sur le rossignol, le poëte allemand a su rajeunir un sujet bien usé, en prêtant à l'oiseau des sentiments si doux et si vifs pour la nature et pour l'homme, qu'il semble un médiateur ailé qui porte de l'une à l'autre des tributs de louange et d'amour. Une ode sur le vin du Rhin est très-originale : les rives du Rhin sont pour les Allemands une image vraiment nationale; ils n'ont rien de plus beau dans toute leur contrée; les pampres croissent dans les mêmes lieux où tant d'actions guerrières se sont passées, et le vin de cent années, contemporain de jours plus glorieux, semble recéler encore la généreuse chaleur des temps passés.

Non-seulement Klopstock a tiré du christianisme les plus grandes beautés de ses ouvrages religieux; mais comme il vouloit que la littérature de son pays fût tout-à-fait indépendante de celle des anciens, il a tâché de donner à la poésie allemande une mythologie toute nouvelle empruntée des Scandinaves. Quelquefois il l'emploie d'une manière trop savante; mais quelquefois aussi il en a tiré un parti très-heureux, et son imagination a senti les rapports qui existent entre les dieux du nord et l'aspect de la nature à laquelle ils président.

Il y a une ode de lui, charmante, intitulée *l'Art de Tialf*, c'est-à-dire l'art d'aller en patins sur la glace, qu'on dit inventé par le géant Tialf. Il peint une jeune et belle femme, revêtue d'une fourrure d'hermine, et placée sur un traîneau en forme de char; les jeunes gens qui l'entourent font avancer ce char comme l'éclair, en le poussant légèrement. On choisit pour sentier le torrent glacé qui, pendant l'hiver, offre la route la plus sûre. Les cheveux des jeunes hommes sont parsemés des flocons brillants des frimas ; les jeunes filles, à la suite du traîneau, attachent à leurs petits pieds des ailes d'acier, qui les transportent au loin dans un clin-d'œil : le chant des bardes accompagne cette danse septentrionale; la marche joyeuse passe sous des ormeaux dont les fleurs sont de neige ; on entend craquer le cristal sous les pas; un instant de terreur trouble la fête ; mais bientôt les cris d'allégresse, la violence de l'exercice, qui doit conserver au sang la chaleur que lui raviroit le froid de l'air, enfin la lutte contre le climat raniment tous les esprits, et l'on arrive au terme de la course, dans une grande salle illuminée, où le feu, le bal et les festins font succéder des plaisirs faciles aux plaisirs conquis sur les rigueurs même de la nature.

L'ode à Ebert sur les amis qui ne sont plus mérite aussi d'être citée. Klopstock est moins heureux quand il écrit sur l'amour; il a, comme Dorat, adressé des vers *à sa maîtresse future*, et ce sujet maniéré n'a pas bien inspiré sa muse: il faut n'avoir pas souffert pour se jouer avec le sentiment, et quand une personne sérieuse essaie un semblable jeu, toujours une contrainte secrète l'empêche de s'y montrer naturelle. On doit compter dans l'école de Klopstock, non comme disciples, mais comme confrères en poésie, le grand Haller, qu'on ne peut nommer sans respect, Gessner, et plusieurs autres qui s'approchoient du génie anglais par la vérité des sentiments, mais qui ne portoient pas encore l'empreinte vraiment caractéristique de la littérature allemande.

Klopstock lui-même n'avoit pas complètement réussi à donner à l'Allemagne un poëme épique sublime et populaire tout à la fois, tel qu'un ouvrage de ce genre doit être. La traduction de l'Iliade et de l'Odyssée, par Voss, fit connoître Homère autant qu'une copie calquée peut rendre l'original; chaque épithète y est conservée, cha-

que mot y est mis à la même place, et l'impression de l'ensemble est très-grande, quoiqu'on ne
puisse trouver dans l'allemand tout le charme
que doit avoir le grec, la plus belle langue du
midi. Les littérateurs allemands, qui saisissent
avec avidité chaque nouveau genre, s'essayèrent
à composer des poëmes avec la couleur homé-
rique ; et l'Odyssée, renfermant beaucoup de
détails de la vie privée, parut plus facile à imiter
que l'Iliade.

Le premier essai dans ce genre fut une idylle
en trois chants, de Voss lui - même, intitulée
Louise ; elle est écrite en hexamètres, que tout
le monde s'accorde à trouver admirables ; mais
la pompe même du vers hexamètre paroît souvent
peu d'accord avec l'extrême naïveté du sujet.
Sans les émotions pures et religieuses qui animent tout le poëme, on ne s'intéresseroit guère au
très-paisible mariage de la fille du *vénérable pas-*
teur de Grünau. Homère, fidèle à réunir les
épithètes avec les noms, dit toujours, en parlant de
Minerve, *la fille de Jupiter aux yeux bleus* ; de
même aussi Voss répète sans cesse le *vénérable*
pasteur de Grünau (der ehrwürdige Pfarrer von
Grünau). Mais la simplicité d'Homère ne produit un si grand effet que parce qu'elle est no-

blement en contraste avec la grandeur imposante de son héros et du sort qui le poursuit; tandis que, quand il s'agit d'un pasteur de campagne et de la très-bonne ménagère sa femme, qui marient leur fille à celui qu'elle aime, la simplicité a moins de mérite. L'on admire beaucoup en Allemagne les descriptions qui se trouvent dans la Louise de Voss, sur la manière de faire le café, d'allumer la pipe; ces détails sont présentés avec beaucoup de talent et de vérité; c'est un tableau flamand très-bien fait : mais il me semble qu'on peut difficilement introduire dans nos poëmes, comme dans ceux des anciens, les usages communs de la vie: ces usages chez nous ne sont pas poétiques, et notre civilisation a quelque chose de bourgeois. Les anciens vivoient toujours à l'air, toujours en rapport avec la nature, et leur manière d'exister étoit champêtre, mais jamais vulgaire.

Les Allemands mettent trop peu d'importance au sujet d'un poëme, et croient que tout consiste dans la manière dont il est traité. D'abord la forme donnée par la poésie ne se transporte presque jamais dans une langue étrangère, et la réputation européenne n'est cependant pas à dédaigner; d'ailleurs le souvenir des détails les plus intéressants s'efface quand il n'est point rattaché

à une fiction dont l'imagination puisse se saisir.
La pureté touchante, qui est le principal charme
du poëme de Voss, se fait sentir surtout, ce me
semble, dans la bénédiction nuptiale du pasteur
en mariant sa fille : « Ma fille, lui dit-il, avec une
« voix émue, que la bénédiction de Dieu soit
« avec toi. Aimable et vertueux enfant, que la
« bénédiction de Dieu t'accompagne sur la terre
« et dans le ciel. J'ai été jeune et je suis devenu
« vieux, et dans cette vie incertaine le Tout-
« Puissant m'a envoyé beaucoup de joie et de
« douleur. Qu'il soit béni pour toutes deux ! Je
« vais bientôt reposer sans regret ma tête blanchie
« dans le tombeau de mes pères, car ma fille est
« heureuse; elle l'est parce qu'elle sait qu'un Dieu
« paternel soigne notre âme par la douleur comme
« par le plaisir. Quel spectacle plus touchant que
« celui de cette jeune et belle fiancée ! Dans la
« simplicité de son cœur elle s'appuie sur la main
« de l'ami qui doit la conduire dans le sentier de
« la vie; c'est avec lui que, dans une intimité
« sainte, elle partagera le bonheur et l'infortune;
« c'est elle qui, si Dieu le veut, doit essuyer la
« dernière sueur sur le front de son époux mor-
« tel. Mon âme étoit aussi remplie de pressenti-
« ments lorsque, le jour de mes noces, j'amenai

« dans ces lieux ma timide compagne : content,
« mais sérieux, je lui montrai de loin la borne de
« nos champs, la tour de l'église et l'habitation du
« pasteur où nous avons éprouvé tant de biens et
« de maux. Mon unique enfant, car il ne me
« reste que toi, d'autres à qui j'avois donné la vie
« dorment là-bas sous le gazon du cimetière ;
« mon unique enfant, tu vas t'en aller en suivant
« la route par laquelle je suis venu. La chambre
« de ma fille sera déserte ; sa place à notre table
« ne sera plus occupée ; c'est en vain que je prê-
« terai l'oreille à ses pas, à sa voix. Oui, quand
« ton époux t'emmènera loin de moi, des sanglots
« m'échapperont, et mes yeux mouillés de pleurs
« te suivront long-temps encore ; car je suis
« homme et père, et j'aime avec tendresse cette
« fille qui m'aime aussi sincèrement. Mais bien-
« tôt, réprimant mes larmes, j'élèverai vers le ciel
« mes mains suppliantes, et je me prosternerai
« devant la volonté de Dieu qui commande à la
« femme de quitter sa mère et son père pour
« suivre son époux. Va donc en paix, mon en-
« fant, abandonne ta famille et la maison pater-
« nelle ; suis le jeune homme qui maintenant te
« tiendra lieu de ceux à qui tu dois le jour ;
« sois dans sa maison comme une vigne féconde,

« entoure- a de nobles rejetons. Un mariage re-
« ligieux est la plus belle des félicités terrestres ;
« mais si le Seigneur ne fonde pas lui-même l'é-
« difice de l'homme, qu'importent ses vains tra-
« vaux ? »

Voilà de la vraie simplicité, celle de l'âme, celle qui convient au peuple comme aux rois, aux pauvres comme aux riches, enfin à toutes les créatures de Dieu. On se lasse promptement de la poésie descriptive, quand elle s'applique à des objets qui n'ont rien de grand en eux-mêmes ; mais les sentiments descendei 'u ciel, et dans quelque humble séjour que pénètrent leurs rayons, ils ne perdent rien de leur beauté.

L'extrême admiration qu'inspire Goethe en Allemagne a fait donner à son poëme d'Hermann et Dorothée le nom de poëme épique ; et l'un des hommes les plus spirituels en tout pays, M. de Humboldt, le frère du célèbre voyageur, a composé sur ce poëme un ouvrage qui contient les remarques les plus philosophiques et les plus piquantes. Hermann et Dorothée est traduit en français et en anglais ; toutefois on ne peut avoir l'idée, par la traduction, du charme qui règne dans cet ouvrage : une émotion douce, mais continuelle, se fait sentir depuis le premier vers jusqu'au dernier, et il y a, dans les moindres détails, une dignité naturelle qui ne dépareroit pas les héros d'Homère. Néanmoins, il faut en convenir, les personnages et les événements sont de trop peu d'importance; le sujet suffit à l'intérêt quand on le lit dans l'original; dans la traduction cet intérêt se dissipe. En fait de poëme épique, il me semble qu'il est permis d'exiger une certaine aristocratie littéraire; la dignité des personnages et des souvenirs historiques qui s'y rattachent peuvent seuls élever l'imagination à la hauteur de ce genre d'ouvrage.

Un poëme ancien du treizième siècle, *les Niebelungs*, dont j'ai déjà parlé, paroît avoir eu dans son temps tous les caractères d'un véritable poëme épique. Les grandes actions du héros de l'Allemagne du nord, Sigefroi, assassiné par un roi bourguignon, la vengeance que les siens en tirèrent dans le camp d'Attila, et qui mit fin au premier royaume de Bourgogne, sont le sujet de ce poëme. Un poëme épique n'est presque jamais l'ouvrage d'un homme, et les siècles même, pour ainsi dire, y travaillent : le patriotisme, la religion, enfin la totalité de l'existence d'un peuple, ne peut être mise en action que par quelques-uns de ces événements immenses que le poëte ne crée pas, mais qui lui apparoissent agrandis par la nuit des temps : les personnages du poëme épique doivent représenter le caractère primitif de la nation. Il faut trouver en eux le moule indestructible dont est sortie toute l'histoire.

Ce qu'il y avoit de beau en Allemagne, c'étoit l'ancienne chevalerie, sa force, sa loyauté, sa bonhomie et la rudesse du nord qui s'allioit avec une sensibilité sublime. Ce qu'il y avoit aussi de beau, c'étoit le christinianisme enté sur la mythologie scandinave, cet honneur sauvage que la foi rendoit pur et sacré ; ce respect pour les femmes, qui devenoit plus touchant encore par la protection accordée à tous les foibles ; cet enthousiasme de la mort, ce paradis guerrier où la religion la plus humaine a pris place. Tels sont les élements d'un poeme épique en Allemagne. Il faut que le génie s'en empare, et qu'il sache, comme Médée, ranimer par un nouveau sang d'anciens souvenirs.

CHAPITRE XIII.

De la poésie allemande.

LES poésies allemandes détachées sont, ce me semble, plus remarquables encore que les poëmes, et c'est surtout dans ce genre que le cachet de l'originalité est empreint : il est vrai aussi que les auteurs les plus cités à cet égard, Goethe, Schiller, Bürger, etc., sont de l'école moderne, et que celle-là seule porte un caractère vraiment national. Goethe a plus d'imagination, Schiller plus de sensibilité, et Bürger est de tous celui qui possède le talent le plus populaire. En examinant successivement quelques poésies de ces trois hommes, on se fera mieux l'idée de ce qui les distingue. Schiller a de l'analogie avec le goût français, toutefois on ne trouve dans ses poésies détachées rien qui ressemble aux poésies fugitives de Voltaire; cette élégance de conversation et presque de manières, transportée dans la poésie, n'appartenoit qu'à la France, et Voltaire, en fait de grâce, étoit le premier des écrivains français. Il seroit intéressant de comparer les stances de Schiller sur la perte de la jeunesse, intitulées *l'Idéal*, avec celles de Voltaire.

> Si vous voulez que j'aime encore,
> Rendez-moi l'âge des amours, etc.

On voit, dans le poëte français, l'expression d'un regret aimable, dont les plaisirs de l'amour et les joies de la vie sont l'objet : le poëte allemand pleure la perte de l'enthousiasme et de l'innocente pureté des pensées du premier âge ; et c'est par la poésie et la pensée qu'il se flatte d'embellir encore le déclin de ses ans. Il n'y a pas dans les stances de Schiller cette clarté facile et brillante que permet un genre d'esprit à la portée de tout le monde ; mais on y peut puiser des consolations qui agissent sur l'âme intérieurement. Schiller ne présente jamais les réflexions les plus profondes que revêtues de nobles images : il parle à l'homme comme la nature elle même ; car la nature est tout à la fois penseur et poëte. Pour peindre l'idée du temps, elle fait couler devant nos yeux les flots d'un fleuve inépuisable ; et pour que sa jeunesse éternelle nous fasse songer à notre existence passagère, elle se revêt de fleurs qui doivent périr, elle fait tomber en automne les feuilles des arbres que le printemps a vues dans tout leur éclat : la poésie doit être le miroir terrestre de la divinité, et réfléchir par les couleurs, les sons et les rhythmes, toutes les beautés de l'univers.

La pièce de vers intitulée *la Cloche* consiste en deux parties parfaitement distinctes : les strophes en refrain expriment le travail qui se fait dans la forge, et entre chacune de ces strophes il y a des vers ravissants sur les circonstances solennelles, ou sur les événements extraordinaires annoncés par les cloches, tels que la naissance, le mariage, la mort, l'incendie, la révolte, etc. On pourroit traduire en français les pensées fortes, les images belles et touchantes qu'inspirent à Schiller les grandes époques de la destinée humaine; mais il est impossible d'imiter noblement les strophes en petits vers et composées de mots dont le son bizarre et précipité semble faire entendre les coups redoublés et les pas rapides des ouvriers qui dirigent la lave brûlante de l'airain. Peut-on avoir l'idée d'un poëme de ce genre par une traduction en prose? c'est lire la musique au lieu de l'entendre; encore est-il plus aisé de se figurer, par l'imagination, l'effet des instruments qu'on connoît, que les accords et les contrastes d'un rhythme et d'une langue qu'on ignore. Tantôt la brièveté régulière du mètre fait sentir l'activité des forgerons, l'énergie bornée, mais continue, qui s'exerce dans les occupations matérielles; et tantôt, à côté de ce bruit dur et fort, l'on entend les chants aériens de l'enthousiasme et de la mélancolie.

L'originalité de ce poëme est perdue quand on le sépare de l'impression que produisent une mesure de vers habilement choisie et des rimes qui se répondent comme des échos intelligents que la pensée modifie; et cependant ces effets pittoresques des sons seroient très-hasardés en français. L'ignoble nous menace sans cesse : nous n'avons pas, comme presque tous les autres peuples, deux langues, celle de la prose et celle des vers; et il en est des mots comme des personnes, là où les rangs sont confondus, la familiarité est dangereuse.

. Une autre pièce de Schiller, *Cassandre*, pourroit plus facilement se traduire en français, quoique le langage poétique y soit d'une grande hardiesse. Cassandre, au moment où la fête des noces de Polyxène avec Achille va commencer, est saisie par le pressentiment des malheurs qui résulteront de cette fête : elle se promène triste et sombre dans les bois d'Apollon, et se plaint de connoître l'avenir qui trouble toutes les jouissances. On voit dans cette ode le mal que fait éprouver à un être mortel la prescience d'un dieu. La douleur de la prophétesse n'est-elle pas ressentie par tous ceux dont l'esprit est supérieur et le caractère passionné? Schiller a su montrer sous une forme toute poétique une grande idée morale : c'est que le véritable génie, celui du sentiment, est victime de lui-même, quand il ne le seroit pas des autres. Il n'y a point d'hymen pour Cassandre, non qu'elle soit insensible, non qu'elle soit dédaignée; mais son âme pénétrante dépasse en peu d'instants et la vie et la mort, et ne se reposera que dans le ciel.

Je ne finirois point si je voulois parler de toutes les poésies de Schiller qui renferment des pensées et des beautés nouvelles. Il a fait sur le départ des Grecs après la prise de Troie un hymne qu'on pourroit croire d'un poëte d'alors, tant la couleur du temps y est fidèlement observée. J'examinerai, sous le rapport de l'art dramatique, le talent admirable des Allemands pour se transporter dans les siècles, dans les pays, dans les caractères les plus différents du leur : superbe faculté, sans laquelle

les personnages qu'on met en scène ressemblent
à des marionnettes qu'un même fil remue et
qu'une même voix, celle de l'auteur, fait parler.
Schiller mérite surtout d'être admiré comme poëte
dramatique; Goethe est tout seul au premier rang
dans l'art de composer des élégies, des romances,
des stances, etc., ses poésies détachées ont un
mérite très - différent de celles de Voltaire. Le
poëte français a su mettre en vers l'esprit de la
société la plus brillante ; le poëte allemand réveille
dans l'âme par quelques traits rapides des impressions solitaires et profondes.

Goethe, dans ce genre d'ouvrages, est naturel
au suprème degré ; non-seulement naturel quand
il parle d'après ses propres impressions, mais aussi
quand il se transporte dans des pays, des mœurs
et des situations toutes nouvelles, sa poésie prend
facilement la couleur des contrées étrangères : il
saisit avec un talent unique ce qui plaît dans les
chansons nationales de chaque peuple ; il devient,
quand il le veut, un grec, un indien, un mor-
laque. Nous avons souvent parlé de ce qui caractérise les poëtes du nord, la mélancolie et la méditation : Goethe, comme tous les hommes de
génie, réunit en lui d'étonnants contrastes; on
retrouve dans ses poésies beaucoup de traces du

caractère des habitants du midi; il est plus en train de l'existence que les septentrionaux; il sent la nature avec plus de vigueur et de sérénité; son esprit n'en a pas moins de profondeur, mais son talent a plus de vie; on y trouve un certain genre de naïveté qui réveille à la fois le souvenir de la simplicité antique et de celle du moyen âge : ce n'est pas la naïveté de l'innocence, c'est celle de la force. On aperçoit dans les poésies de Goethe qu'il dédaigne une foule d'obstacles, de convenances, de critiques et d'observations qui pourroient lui être opposées. Il suit son imagination où elle le mène, et un certain orgueil en masse l'affranchit des scrupules de l'amour-propre. Goethe est en poésie un artiste puissamment maître de la nature, et plus admirable encore quand il n'achève pas ses tableaux; car ses esquisses renferment toutes le germe d'une belle fiction : mais ses fictions terminées ne supposent pas toujours une heureuse esquisse.

Dans ses élégies, composées à Rome, il ne faut pas chercher des descriptions de l'Italie; Goethe ne fait presque jamais ce qu'on attend de lui, et quand il y a de la pompe dans une idée, elle lui déplaît; il veut produire de l'effet par une route détournée, et comme à l'insçu de l'auteur et du lecteur. Ses élégies peignent l'effet de l'Italie sur toute son existence, cette ivresse du bonheur dont un beau ciel le pénètre. Il raconte ses plaisirs, même les plus vulgaires, à la manière de Properce ; et de temps en temps quelques beaux souvenirs de la ville maîtresse du monde donnent à l'imagination un élan d'autant plus vif qu'elle n'y étoit pas préparée.

Une fois il raconte comment il rencontra, dans la Campagne de Rome, une jeune femme qui allaitoit son enfant assise sur un débris de colonne antique. Il voulut la questionner sur les ruines dont sa cabane étoit environnée : elle ignoroit ce dont il lui parloit. Toute entière aux affections dont son âme étoit remplie, elle aimoit, et le moment présent existoit seul pour elle.

On lit dans un auteur grec qu'une jeune fille, habile dans l'art de tresser les fleurs, lutta contre son amant Pausias qui savoit les peindre. Goethe a composé sur ce sujet une idylle charmante. L'auteur de cette idylle est aussi celui de Werther. Depuis le sentiment qui donne de la grâce, jusqu'au désespoir qui exalte le génie, Goethe a parcouru toutes les nuances de l'amour.

Après s'être fait grec dans Pausias, Goethe nous conduit en Asie, par une romance pleine de charmes, *la Bayadère*. Un dieu de l'Inde (Mahadoeh) se revêt de la forme mortelle pour juger des peines et des plaisirs des hommes après les avoir éprouvés. Il voyage à travers l'Asie, observe les grands et le peuple ; et comme un soir, au sortir d'une ville, il se promenoit sur les bords du Gange, une bayadère l'arrête et l'engage à se reposer dans sa demeure. Il y a tant de poésie, une couleur si orientale dans la peinture des danses de cette bayadère, des parfums et des fleurs dont elle s'entoure, qu'on ne peut juger d'après nos mœurs un tableau qui leur est tout-à-fait étranger. Le dieu de l'Inde inspire un amour véritable à cette femme égarée, et touché du retour vers le bien qu'une affection sincère doit toujours inspirer, il veut épurer l'âme de la bayadère pour l'épreuve du malheur.

A son réveil elle trouve son amant mort à ses côtés. Les prêtres de Brama emportent le corps sans vie que le bûcher doit consumer. La bayadère veut s'y précipiter avec celui qu'elle aime ; mais les prêtres la repoussent, parce que, n'étant pas son épouse, elle n'a pas le droit de mourir avec lui. La bayadère, après avoir ressenti toutes les douleurs de l'amour et de la honte, se précipite dans le bûcher malgré les

brames. Le dieu la reçoit dans ses bras; il s'é-
lance hors des flammes et porte au ciel l'objet
de sa tendresse qu'il a rendu digne de son choix.

Zelter, un musicien original, a mis sur cette
romance un air tour à tour voluptueux et solennel qui s'accorde singulièrement bien avec les
paroles. Quand on l'entend, on se croit au milieu
de l'Inde et de ses merveilles; et qu'on ne dise
pas qu'une romance est un poëme trop court
pour produire un tel effet. Les premières notes
d'un air, les premiers vers d'un poëme transportent l'imagination dans la contrée et dans 'e
siècle qu'on veut peindre; mais si quelques mots
ont cette puissance, quelques mots aussi peuvent
détruire l'enchantement. Les sorciers jadis faisoient ou empêchoient les prodiges, à l'aide de
quelques paroles magnifiques. Il en est de même
du poëte; il peut évoquer le passé, ou faire re-
paroître le présent selon qu'il se sert d'expressions conformes ou non au temps ou au pays
qu'il chante, selon qu'il observe ou néglige les
couleurs locales et ces petites circonstances in-
génieusement inventées qui exercent l'esprit,
dans la fiction comme dans la réalité, à découvrir la vérité sans qu'on vous la dise.

Une autre romance de Goethe produit un effet

délicieux par les moyens les plus simples : c'est *le Pêcheur.* Un pauvre homme s'assied sur le bord d'un fleuve un soir d'été, et, tout en jetant sa ligne, il contemple l'eau claire et limpide qui vient baigner doucement ses pieds nus. La nymphe de ce fleuve l'invite à s'y plonger ; elle lui peint les délices de l'onde pendant la chaleur, le plaisir que le soleil trouve à se rafraîchir la nuit dans la mer, le calme de la lune quand ses rayons se reposent et s'endorment au sein des flots ; enfin le pêcheur, attiré, séduit, entraîné, s'avance vers la nymphe, et disparoît pour toujours. Le fond de cette romance est peu de chose ; mais ce qui est ravissant, c'est l'art de faire sentir le pouvoir mystérieux que peuvent exercer les phénomènes de la nature. On dit qu'il y a des personnes qui découvrent les sources cachées sous la terre par l'agitation nerveuse qu'elles leur causent : on croit souvent reconnoître dans la poésie allemande ces miracles de la sympathie entre l'homme et les éléments. Le poëte allemand comprend la nature, non pas seulement en poëte, mais en frère ; et l'on diroit que des rapports de famille lui parlent pour l'air, l'eau, les fleurs, les arbres, enfin pour toutes les beautés primitives de la création.

Il n'est personne qui n'ait senti l'attrait indéfinissable que les vagues font éprouver, soit par le charme de la fraîcheur, soit par l'ascendant qu'un mouvement uniforme et perpétuel pourroit prendre insensiblement sur une existence passagère et périssable. La romance de Goethe exprime admirablement le plaisir toujours croissant qu'on trouve à considérer les ondes pures d'un fleuve : le balancement du rhythme et de l'harmonie imite celui des flots, et produit sur l'imagination un effet analogue. L'âme de la nature se fait connoître à nous de toutes parts et sous mille formes diverses. La campagne fertile, comme les déserts abandonnés, la mer, comme les étoiles, sont soumises aux mêmes lois, et l'homme renferme en lui-même des sensations, des puissances occultes qui correspondent avec le jour, avec la nuit, avec l'orage : c'est cette alliance secrète de notre être avec les merveilles de l'univers qui donne à la poésie sa véritable grandeur. Le poëte sait rétablir l'unité du monde physique avec le monde moral ; son imagination forme un lien entre l'un et l'autre.

Plusieurs pièces de Goethe sont remplies de gaieté ; mais on y trouve rarement le genre de plaisanterie auquel nous sommes accoutumés ; il

est plutôt frappé par les images que par les ridicules ; il saisit avec un instinct singulier l'o-
riginalité des animaux toujours nouvelle et toujours la même. *La Ménagerie de Lily, le Chant
de noce dans le vieux château*, peignent ces
animaux, non comme des hommes, à la manière
de La Fontaine, mais comme des créatures bizarres dans lesquelles la nature s'est égayée. Goethe
sait aussi trouver dans le merveilleux une source
de plaisanteries d'autant plus aimables, qu'aucun
but sérieux ne s'y fait apercevoir.

Une chanson, intitulée *l'Élève du Sorcier*,
mérite d'être citée sous ce rapport. Un disciple
d'un sorcier a entendu son maître murmurer
quelques paroles magiques, à l'aide desquelles il
se fait servir par un manche à balai : il les retient,
et commande au balai d'aller lui chercher de l'eau
à la rivière pour laver sa maison. Le balai part et
revient, apporte un seau, puis un autre, puis
un autre encore, et toujours ainsi sans disconti-
nuer. L'élève voudroit l'arrêter, mais il a oublié
les mots dont il faut se servir pour cela : le manche à balai, fidèle à son office, va toujours à la
rivière, et toujours y puise de l'eau dont il arrose
et bientôt submergera la maison. L'élève, dans sa
fureur, prend une hache et coupe en deux le

manche à balai : alors les deux morceaux du bâton deviennent deux domestiques au lieu d'un , et vont chercher de l'eau, et la répandent à l'envi dans les appartements avec plus de zèle que jamais. L'élève a beau dire des injures à ces stupides bâtons, ils agissent sans relâche; et la maison eût été perdue si le maître ne fût pas arrivé à temps pour secourir l'élève, en se moquant de sa ridicule présomption. L'imitation maladroite des grands secrets de l'art est très-bien peinte dans cette petite scène.

Il nous reste à parler de la source inépuisable des effets poétiques en Allemagne, la terreur : les revenants et les sorciers plaisent au peuple comme aux hommes éclairés : c'est un reste de la mythologie du nord ; c'est une disposition qu'inspirent assez naturellement les longues nuits des climats septentrionaux : et d'ailleurs, quoique le christianisme combatte toutes les craintes non fondées, les superstitions populaires ont toujours une analogie quelconque avec la religion dominante. Presque toutes les opinions vraies ont à leur suite une erreur ; elle se place dans l'imagination comme l'ombre à côté de la réalité : c'est un luxe de croyance qui s'attache d'ordinaire à la religion comme à l'histoire ; je ne sais pour-

quoi l'on dédaigneroit d'en faire usage. Shakespear a tiré des effets prodigieux des spectres et
de la magie, et la poésie ne sauroit être populaire quand elle méprise ce qui exerce un empire
irréfléchi sur l'imagination. Le génie et le goût
peuvent présider à l'emploi de ces contes : il faut
qu'il y ait d'autant plus de talent dans la manière
de les traiter, que le fond en est vulgaire ; mais
peut-être que c'est dans cette réunion seule que
consiste la grande puissance d'un poëme. Il est
probable que les événements racontés dans l'Iliade
et dans l'Odyssée étoient chantés par les nour-
rices avant qu'Homère en fît le chef-d'œuvre
de l'art.

Bürger est de tous les Allemands celui qui a le
mieux saisi cette veine de superstition qui conduit
si loin dans le fond du cœur. Aussi ses romances
sont-elles connues de tout le monde en Allemagne. La plus fameuse de toutes, *Lenore*, n'est
pas, je crois, traduite en français, ou du moins il
seroit bien difficile qu'on pût en exprimer tous
les détails, ni par notre prose, ni par nos vers.
Une jeune fille s'effraie de n'avoir point de nouvelles de son amant, parti pour l'armée ; la paix
se fait ; tous les soldats retournent dans leurs
foyers. Les mères retrouvent leurs fils, les sœurs

leurs frères, les époux leurs épouses; les trompettes guerrières accompagnent les chants de la paix, et la joie règne dans tous les cœurs. Lenore parcourt en vain les rangs des guerriers, elle n'y voit point son amant; nul ne peut lui dire ce qu'il est devenu. Elle se désespère : sa mère voudroit la calmer; mais le jeune cœur de Lenore se révolte contre la douleur, et, dans son égarement, elle renie la Providence. Au moment où le blasphème est prononcé, l'on sent dans l'histoire quelque chose de funeste, et dès cet instant l'âme est constamment ébranlée.

A minuit, un chevalier s'arrête à la porte de Lenore; elle entend le hennissement du cheval et le cliquetis des éperons : le chevalier frappe, elle descend et reconnoît son amant. Il lui demande de le suivre à l'instant, car il n'a pas un moment à perdre, dit-il, avant de retourner à l'armée. Elle s'élance, il la place derrière lui sur son cheval, et part avec la promptitude de l'éclair. Il traverse au galop, pendant la nuit, des pays arides et déserts; la jeune fille est pénétrée de terreur, et lui demande sans cesse raison de la rapidité de sa course; le chevalier presse encore plus les pas de son cheval par ses cris sombres et sourds, et prononce à voix basse ces mots : *Les morts vont vite, les morts vont vite.* Lenore lui répond : *Ah! laisse en paix les morts!* Mais toutes les fois qu'elle lui adresse des questions inquiètes, il lui répète les mêmes paroles funestes.

En approchant de l'église où il la menoit, disoit-il, pour s'unir avec elle, l'hiver et les frimas semblent changer la nature elle-même en un affreux présage : des prêtres portent en pompe un cercueil, et leur robe noire traîne lentement sur la neige, linceul de la terre; l'effroi de la jeune fille augmente, et toujours son amant la rassure avec un mélange d'ironie et d'insouciance qui fait frémir. Tout ce qu'il dit est prononcé avec une précipitation monotone, comme si déjà, dans son langage, l'on ne sentoit plus l'accent de la vie; il lui promet de la conduire dans la demeure étroite et silencieuse où leurs noces doivent s'accomplir. On voit de loin le cimetière à côté de la porte de l'église : le chevalier frappe à cette porte, elle s'ouvre; il s'y précipite avec son cheval, qu'il fait passer au milieu des pierres funéraires; alors le chevalier perd par degrés l'apparence d'un être vivant; il se change en squelette, et la terre s'entr'ouvre pour engloutir sa maîtresse et lui.

Je ne me suis assurément pas flattée de faire connoître, par ce récit abrégé, le mérite étonnant de cette romance : toutes les images , tous les bruits, en rapport avec la situation de l'âme sont merveilleusement exprimés par la poésie : les syllabes, les rimes , tout l'art des paroles et de leurs sons est employé pour exciter la terreur. La rapidité des pas du cheval semble plus solennelle et plus lugubre que la lenteur même d'une marche funèbre. L'énergie avec laquelle le chevalier hâte sa course , cette pétulance de la mort cause un trouble inexprimable ; et l'on se croit emporté par le fantôme, comme la malheureuse qu'il entraîne avec lui dans l'abîme.

Il y a quatre traductions de la romance de Lenore en anglais, mais la première de toutes , sans comparaison, c'est celle de M. Spencer, le poëte anglais qui connoît le mieux le véritable esprit des langues étrangères. L'analogie de l'anglais avec l'allemand permet d'y faire sentir en entier l'originalité du style et de la versification de Bürger ; et non-seulement on peut retrouver dans la traduction les mêmes idées que dans l'original , mais aussi les mêmes sensations ; et rien n'est plus nécessaire pour connoître un ouvrage des beaux-arts. Il seroit difficile d'obtenir le même résultat en français, où rien de bizarre n'est naturel.

Bürger a fait une autre romance moins célèbre, mais aussi très - originale, intitulée *le Féroce Chasseur.* Suivi de ses valets et de sa meute nombreuse, il part pour la chasse un dimanche, au moment où les cloches du village annoncent le service divin. Un chevalier dont l'armure est blanche se présente à lui et le conjure de ne pas profaner le jour du Seigneur ; un autre chevalier, revêtu d'armes noires, lui fait honte de se soumettre à des préjugés qui ne conviennent qu'aux vieillards et aux enfants : le chasseur cède aux mauvaises inspirations ; il part, et arrive près du champ d'une pauvre veuve : elle se jette à ses pieds pour le supplier de ne pas dévaster la moisson en traversant les blés avec sa suite : le chevalier aux armes blanches supplie le chasseur d'écouter la pitié ; le chevalier noir se moque de ce puéril sentiment : le chasseur prend la férocité pour de l'énergie, et ses chevaux foulent aux pieds l'espoir du pauvre et de l'orphelin. Enfin le cerf poursuivi se réfugie dans la cabane d'un vieil ermite ; le chasseur veut y mettre le feu pour en faire sortir sa proie ; l'ermite embrasse ses genoux, il veut attendrir le furieux qui menace son humble demeure ; une dernière fois, le bon génie, sous la forme du chevalier blanc, parle encore : le mauvais génie, sous celle du chevalier noir, triomphe; le chasseur tue l'ermite, et tout à coup il est changé en fantôme, et sa propre meute veut le dévorer. Une superstition populaire a donné lieu à cette romance : l'on prétend qu'à minuit, dans de certaines saisons de l'année, on voit, au-dessus de la forêt où cet événement doit s'être passé, un chasseur dans les nuages poursuivi jusqu'au jour par ses chiens furieux.

Ce qu'il y a de vraiment beau dans cette poésie de Bürger, c'est la peinture de l'ardente volonté du chasseur : elle étoit d'abord innocente comme toutes les facultés de l'âme; mais elle se déprave toujours de plus en plus, chaque fois qu'il résiste à sa conscience et cède à ses passions. Il n'avoit d'abord que l'enivrement de la force ; il arrive enfin à celui du crime, et la terre ne peut plus le porter. Les bons et les mauvais penchants de l'homme sont très-bien caractérisés par les deux chevaliers blanc et noir : les mots, toujours les mêmes, que le chevalier blanc prononce pour arrêter le chasseur, sont aussi très-ingénieusement combinés. Les anciens et les poëtes du moyen âge ont parfaitement connu l'effroi que cause, dans de certaines circonstances, le retour des mêmes paroles ; il semble qu'on réveille ainsi le sentiment de l'inflexible nécessité. Les ombres, les oracles, toutes les puissances surnaturelles, doivent être monotones ; ce qui est immuable est uniforme ; et c'est un grand art, dans certaines fictions, que d'imiter, par les paroles, la fixité solennelle que l'imagination se représente dans l'empire des ténèbres et de la mort.

On remarque aussi, dans Bürger, une certaine familiarité d'expression qui ne nuit point à la dignité de la poésie, et qui en augmente singulièrement l'effet. Quand on parvient à rapprocher de nous la terreur ou l'admiration, sans affoiblir ni l'une ni l'autre, ces sentiments deviennent nécessairement beaucoup plus forts : c'est mêler, dans l'art de peindre, ce que nous voyons tous les jours à ce que nous ne voyons jamais, et ce qui nous est connu nous fait croire à ce qui nous étonne.

Goethe s'est essayé aussi dans ces sujets qui effraient à la fois les enfants et les hommes ; mais il y a mis des vues profondes, et qui donnent pour long-temps à penser. Je vais tâcher de rendre compte de celle de ses poésies de revenants, *la Fiancée de Corinthe*, qui a le plus de réputation en Allemagne. Je ne voudrois assurément défendre

en aucune manière ni le but de cette fiction, ni
la fiction en elle-même ; mais il me semble difficile de n'être pas frappé de l'imagination qu'elle
suppose.

Deux amis, l'un d'Athènes et l'autre de Corinthe, ont résolu d'unir ensemble leur fils et leur
fille. Le jeune homme part pour aller voir à Corinthe
celle qui lui est promise, et qu'il ne connoît pas
encore : c'étoit au moment où le christianisme
commençoit à s'établir. La famille de l'Athénien
a gardé son ancienne religion ; celle du Corinthien
adopte la croyance nouvelle ; et la mère, pendant
une longue maladie, a consacré sa fille aux autels.
La sœur cadette est destinée à remplacer sa sœur
aînée qu'on a faite religieuse.

Le jeune homme arrive tard dans la maison ;
toute la famille est endormie ; les valets apportent
à souper dans son appartement, et l'y laissent
seul : peu de temps après, un hôte singulier entre
chez lui ; il voit s'avancer jusqu'au milieu de la
chambre une jeune fille revêtue d'un voile et d'un
habit blanc, le front ceint d'un ruban noir et or,
et quand elle aperçoit le jeune homme, elle recule
intimidée, et s'écrie en élevant au ciel ses blanches
mains : — Hélas ! suis-je donc déjà devenue si
étrangère à la maison, dans l'étroite cellule où je

suis renfermée, que j'ignore l'arrivée d'un nouvel hôte ?—

Elle veut s'enfuir, le jeune homme la retient; il apprend que c'est elle qui lui étoit destinée pour épouse. Leurs pères avoient juré de les unir, tout autre serment lui paroît nul. — Reste, mon enfant, lui dit-il, reste, et ne sois pas si pâle d'effroi; partage avec moi les dons de Cérès et de Bacchus; tu amènes l'amour, et bientôt nous éprouverons combien nos dieux sont favorables aux plaisirs. Le jeune homme conjure la jeune fille de se donner à lui.

« Je n'appartiens plus à la joie, lui répond-elle,
« le dernier pas est accompli; la troupe brillante
« de nos dieux a disparu, et dans cette maison
« silencieuse on n'adore plus qu'un Être invisible
« dans le ciel, et qu'un Dieu mourant sur la
« croix. On ne sacrifie plus de taureaux, ni des
« brebis; mais on m'a choisie pour victime hu-
« maine; ma jeunesse et la nature furent immo-
« lées aux autels : éloigne-toi, jeune homme,
« éloigne-toi; blanche comme la neige, et glacée
« comme elle, est la maîtresse infortunée que ton
« cœur s'est choisie. »

A l'heure de minuit, qu'on appelle l'heure des spectres, la jeune fille semble plus à l'aise, elle boit avidement d'un vin couleur de sang, semblable à celui que prenoient les ombres dans l'Odyssée pour se retracer leurs souvenirs; mais elle refuse obstinément le moindre morceau de pain : elle donne une chaîne d'or à celui dont elle devoit être l'épouse, et lui demande une boucle de ses cheveux; le jeune homme, que ravit la beauté de la jeune fille, la serre dans ses bras avec transport, mais il ne sent point de cœur battre dans son sein; ses membres sont glacés. — N'importe, s'écrie-t-il, je saurai te ranimer, quand le tombeau même t'auroit envoyée vers moi. —

Et alors commence la scène la plus extraordinaire que l'imagination en délire ait pu se figurer; un mélange d'amour et d'effroi, une union redoutable de la mort et de la vie. Il y a comme une volupté funèbre dans ce tableau, où l'amour fait alliance avec la tombe, où la beauté même ne semble qu'une apparition effrayante.

Enfin la mère arrive, et convaincue qu'une de ses esclaves s'est introduite chez l'étranger, elle veut se livrer à son juste courroux; mais tout à coup la jeune fille grandit jusqu'à la voûte comme une ombre, et reproche à sa mère d'avoir causé sa mort en lui faisant prendre le voile. — « Oh !

« ma mère, ma mère, s'écrie-t-elle d'une voix
« sombre, pourquoi troublez - vous cette belle
« nuit de l'hymen ? n'étoit-ce pas assez que, si
« jeune, vous m'eussiez fait couvrir d'un linceul
« et porter dans le tombeau ? Une malédiction
« funeste m'a poussée hors de ma froide demeure ;
« les chants murmurés par vos prêtres n'ont pas
« soulagé mon cœur ; le sel et l'eau n'ont point
« apaisé ma jeunesse : ah ! la terre elle-même ne
« refroidit point l'amour.

« Ce jeune homme me fut promis quand le
« temple serein de Vénus n'étoit point encore
« renversé. Ma mère, deviez-vous manquer à
« votre parole pour obéir à des vœux insen-
« sés ? Aucun Dieu n'a reçu vos serments quand
« vous avez juré de refuser l'hymen à votre fille.
« Et toi, beau jeune homme, maintenant tu ne
« peux plus vivre ; tu languiras dans ces mêmes
« lieux où tu as reçu ma chaîne, où j'ai pris une
« boucle de ta chevelure : demain tes cheveux
« blanchiront et tu ne retrouveras ta jeunesse que
« dans l'empire des ombres.

« Écoute au moins, ma mère, la prière der-
« nière que je t'adresse : ordonne qu'un bûcher
« soit préparé ; fais ouvrir le cercueil étroit qui

« me renferme ; conduis les amants au repos à
« travers les flammes ; et quand l'étincelle brillera,
« et quand les cendres seront brûlantes, nous
« nous hâterons d'aller ensemble rejoindre nos
« anciens dieux. »

Sans doute un goût pur et sévère doit blâmer
beaucoup de choses dans cette pièce ; mais quand
on la lit dans l'original, il est impossible de ne pas
admirer l'art avec lequel chaque mot produit une
terreur croissante : chaque mot indique sans l'expliquer l'horrible merveilleux de cette situation.
Une histoire, dont rien ne peut donner l'idée, est
peinte avec des détails frappants et naturels, comme
s'il s'agissoit de quelque chose qui fût arrivé ; et la
curiosité est constamment excitée sans qu'on vou-
lût sacrifier une seule circonstance pour qu'elle fût
plus tôt satisfaite.

Néanmoins cette pièce est la seule parmi les
poésies détachées des auteurs célèbres de l'Allemagne contre laquelle le goût français eut quelque
chose à redire : dans toutes les autres les deux
nations paroissent d'accord. Le poëte Jacobi a
presque dans ses vers le piquant et la légèreté de
Gresset. Matthisson a donné à la poésie descriptive, dont les traits étoient souvent trop vagues,

le caractère d'un tableau aussi frappant par le coloris que par la ressemblance. Le charme pénétrant des poésies de Salis fait aimer leur auteur, comme si l'on étoit de ses amis. Tiedge est un poëte moral et pur, dont les écrits portent l'âme au sentiment le plus religieux. Enfin une foule de poëtes devroient encore être cités, s'il étoit possible d'indiquer tous les noms dignes de louange, dans un pays où la poésie est si naturelle à tous les esprits cultivés.

A. W. Schlegel, dont les opinions littéraires ont fait tant de bruit en Allemagne, ne se permet pas dans ses poésies la moindre expression, la moindre nuance que la théorie du goût le plus sévère pût attaquer. Ses élégies sur la mort d'une jeune personne, ses stances sur l'union de l'église avec les beaux-arts, son élégie sur Rome, sont écrites avec la délicatesse et la noblesse la plus soutenue. On n'en pourra juger que bien imparfaitement par les deux exemples que je vais citer ; ils serviront du moins à faire connoître le caractère de ce poëte. L'idée du sonnet, *l'Attachement à la terre*, m'a paru pleine de charme.

« Souvent l'âme, fortifiée par la contemplation

« des choses divines, voudroit déployer ses ailes
« vers le ciel. Dans le cercle étroit qu'elle par-
« court son activité lui semble vaine, et sa science
« du délire; un désir invincible la presse de s'é-
« lancer vers des régions élevées, vers des sphères
« plus libres; elle croit qu'au terme de sa carrière
« un rideau va se lever pour lui découvrir des
« scènes de lumières : mais quand la mort tou-
« che son corps périssable, elle jette un regard en
« arrière vers les plaisirs terrestres et vers ses
« compagnes mortelles. Ainsi, lorsque jadis Pro-
« serpine fut enlevée dans les bras de Pluton,
« loin des prairies de la Sicile, enfantine dans ses
« plaintes, elle pleuroit pour les fleurs qui s'é-
« chappoient de son sein. »

La pièce de vers suivante doit perdre encore
plus à la traduction que le sonnet; elle est intitulée *Mélodies de la vie* : le cygne y est mis en
opposition avec l'aigle, l'un comme l'emblème de
l'existence contemplative, l'autre comme l'image
de l'existence active : le rhythme du vers
change quand le cygne parle et quand l'aigle lui
répond, et les chants de tous les deux sont pourtant renfermés dans la même stance que la rime
réunit : les véritables beautés de l'harmonie se
trouvent aussi dans cette pièce, non l'harmonie

imitative, mais la musique intérieure de l'âme. L'émotion la trouve sans réfléchir, et le talent qui réfléchit en fait de la poésie.

« *Le cygne* : Ma vie tranquille se passe dans les
« ondes, elle n'y trace que de légers sillons qui se
« perdent au loin, et les flots à peine agités ré-
« pètent comme un miroir pur mon image sans
« l'altérer.

« *L'aigle* : Les rochers escarpés sont ma de-
« meure, je plane dans les airs au milieu de l'o-
« rage ; à la chasse, dans les combats, dans les
« dangers, je me fie à mon vol audacieux.

« *Le cygne* : L'azur du ciel serein me réjouit,
« le parfum des plantes m'attire doucement vers
« le rivage quand au coucher du soleil je ba-
« lance mes ailes blanches sur les vagues pour-
« prées.

« *L'aigle* : Je triomphe dans la tempête quand
« elle déracine les chênes des forêts, et je de-
« mande au tonnerre si c'est avec plaisir qu'il
« anéantit.

« *Le cygne* : Invité par le regard d'Apollon,

« j'ose aussi me baigner dans les flots de l'har-
« monie ; et reposant à ses pieds j'écoute les
« chants qui retentissent dans la vallée de Tempé.

« *L'aigle :* Je réside sur le trône même de Ju-
« piter, il me fait signe et je vais lui chercher la
« foudre ; et pendant mon sommeil mes ailes ap-
« pesanties couvrent le sceptre du souverain de
« l'univers.

« *Le cygne :* Mes regards prophétiques con-
« templent souvent les étoiles et la voûte azurée
« qui se réfléchit dans les flots, et le regret le plus
« intime m'appelle vers ma patrie, dans le pays
« des cieux.

« *L'aigle :* Dès mes jeunes années c'est avec
« délices que dans mon vol j'ai fixé le soleil im-
« mortel ; je ne puis m'abaisser à la poussière ter-
« restre, je me sens l'allié des dieux.

« *Le cygne :* Une douce vie cède volontiers à
« la mort ; quand elle viendra me dégager de mes
« liens et rendre à ma voix sa mélodie, mes chants
« jusqu'à mon dernier souffle célèbreront l'instant
« solennel.

« *L'aigle :* L'âme comme un phénix brillant
« s'élève du bûcher, libre et dévoilée ; elle salue

« sa destinée divine ; le flambeau de la mort la
« rajeunit (1). »

C'est une chose digne d'être observée, que le
goût des nations, en général, diffère bien plus
dans l'art dramatique que dans toute autre branche
de la littérature. Nous analyserons les motifs de
ces différences dans les chapitres suivants ; mais
avant d'entrer dans l'examen du théâtre allemand,
quelques observations générales sur le goût me
semblent nécessaires. Je ne le considérerai pas
abstraitement comme une faculté intellectuelle ;
plusieurs écrivains, et Montesquieu en particulier, ont épuisé ce sujet. J'indiquerai seulement
pourquoi le goût en littérature est compris d'une
manière si différente par les Français et par les
nations germaniques.

---

(1) Chez les anciens, l'aigle qui s'envoloit du bûcher
étoit l'emblème de l'immortalité de l'âme, et souvent
même de l'apothéose.

CHAPITRE XIV.

Du goût.

———

Ceux qui se croient du goût en sont plus orgueilleux que ceux qui se croient du génie. Le
goût est en littérature comme le bon ton en société ; on le considère comme une preuve de la
fortune, de la naissance, ou du moins des habitudes qui tiennent à toutes les deux ; tandis que
le génie peut naître dans la tête d'un artisan qui
n'auroit jamais eu de rapport avec la bonne compagnie. Dans tout pays où il y aura de la vanité
le goût sera mis au premier rang, parce qu'il sépare les classes, et qu'il est un signe de ralliement
entre tous les individus de la première. Dans tous
les pays où s'exercera la puissance du ridicule,
le goût sera compté comme l'un des premiers
avantages, car il sert surtout à connoître ce qu'il
faut éviter. Le tact des convenances est une par-

tie du goût, et c'est une arme excellente pour parer les coups entre les divers amours-propres ; enfin il peut arriver qu'une nation entière se place, en aristocratie de bon goût, vis-à-vis des autres, et qu'elle soit ou qu'elle se croie la seule bonne compagnie de l'Europe ; et c'est ce qui peut s'appliquer à la France, où l'esprit de société régnoit si éminemment qu'elle avoit quelque excuse pour cette prétention.

Mais le goût dans son application aux beaux-arts diffère singulièrement du goût dans son application aux convenances sociales : lorsqu'il s'agit de forcer les hommes à nous accorder une considération éphémère comme notre vie, ce qu'on ne fait pas est au moins aussi nécessaire que ce qu'on fait, car le grand monde est si facilement hostile qu'il faut des agréments bien extraordinaires pour qu'ils compensent l'avantage de ne donner prise sur soi à personne : mais le goût en poésie tient à la nature et doit être créateur comme elle ; les principes de ce goût sont donc tout autres que ceux qui dépendent des relations de la société.

C'est la confusion de ces deux genres qui est la cause des jugements si opposés en littérature ; les Français jugent les beaux-arts comme des convenances, et les Allemands les convenances comme des beaux-arts : dans les rapports avec la société il faut se défendre, dans les rapports avec la poésie il faut se livrer. Si vous considérez tout en homme du monde, vous ne sentirez point la nature ; si vous considérez tout en artiste, vous manquerez du tact que la société seule peut donner. S'il ne faut transporter dans les arts que l'imitation de la bonne compagnie, les Français seuls en sont vraiment capables ; mais plus de latitude dans la composition est nécessaire pour remuer fortement l'imagination et l'âme. Je sais qu'on peut m'objecter avec raison que nos trois grands tragiques, sans manquer aux règles établies, se sont élevés à la plus sublime hauteur. Quelques hommes de génie, ayant à moissonner dans un champ tout nouveau, ont su se rendre illustres, malgré les difficultés qu'ils avoient à vaincre ; mais la cessation des progrès de l'art, depuis eux, n'est-elle pas une preuve qu'il y a trop de barrières dans la route qu'ils ont suivie ?

« Le bon goût en littérature est, à quelques « égards, comme l'ordre sous le despotisme, il « importe d'examiner à quel prix on l'achète (1). »

---

(1) Supprimé par la censure.

En politique, M. Necker disoit : *Il faut toute la liberté qui est conciliable avec l'ordre.* Je retournerois la maxime, en disant : Il faut, en littérature, tout le goût qui est conciliable avec le génie : car si l'important dans l'état social c'est le repos, l'important dans la littérature, au contraire, c'est l'intérêt, le mouvement, l'émotion, dont le goût à lui tout seul est souvent l'ennemi.

On pourroit proposer un traité de paix entre les façons de juger, artistes et mondaines, des Allemands et des Français. Les Français devroient s'abstenir de condamner, même une faute de convenance, si elle avoit pour excuse une pensée forte ou un sentiment vrai. Les Allemands devroient s'interdire tout ce qui offense le goût naturel, tout ce qui retrace des images que les sensations repoussent : aucune théorie philosophique, quelque ingénieuse qu'elle soit, ne peut aller contre les répugnances des sensations, comme aucune poétique des convenances ne sauroit empêcher les émotions involontaires. Les écrivains allemands les plus spirituels auroient beau soutenir que, pour comprendre la conduite des filles du roi Lear envers leur père, il faut montrer la barbarie des temps dans lesquels elles vivoient, et tolérer que le duc de Cornuailles, excité par

Régane, écrase avec son talon, sur le théâtre, l'œil de Glocester : notre imagination se révoltera toujours contre ce spectacle, et demandera qu'on arrive à de grandes beautés par d'autres moyens. Mais les Français aussi dirigeroient toutes leurs critiques littéraires contre la prédiction des sorcières de Macbeth, l'apparition de l'ombre de Banquo, etc., qu'on n'en seroit pas moins ébranlé jusqu'au fond de l'âme par les terribles effets qu'ils voudroient proscrire.

On ne sauroit enseigner le bon goût dans les arts comme le bon ton en société ; car le bon ton sert à cacher ce qui nous manque, tandis qu'il faut avant tout dans les arts un esprit créateur : le bon goût ne peut tenir lieu du talent en littérature, car la meilleure preuve de goût, lorsqu'on n'a pas de talent, seroit de ne point écrire. Si l'on osoit le dire, peut-être trouveroit-on qu'en France il y a maintenant trop de freins pour des coursiers si peu fougueux, et qu'en Allemagne beaucoup d'indépendance littéraire ne produit pas encore des résultats assez brillants.

FIN DU TOME PREMIER.

TABLE DES CHAPITRES.

PREMIÈRE PARTIE.

SECONDE PARTIE.

FIN DE LA TABLE DU TOME PREMIER.